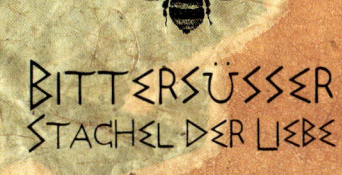

BITTERSÜSSER
STACHEL DER LIEBE

1

NICHTS IST SÜSSER ALS LIEBE,
WEIT HINTER IHR STEHEN DIE ANDEREN FREUDEN,
UND VERGLICHEN MIT IHR, SPUCKE ICH SOGAR HONIG AUS.

NOSSIS,
Anthologia Graeca, 5.170

Textnachweis
S. 38, Gauradas, Anthologia Graeca 16.152; S. 58, Rufinus, Anthologia Graeca 5.87 jeweils aus: Anthologia Graeca,
griechisch-deutsch ed. Hermann Beckby, Bd. 1-4, Sammlung Tusculum, © München 1966.
S. 41, Catull, Gedicht 5 aus: Catulls Gedichte, Deutsche Nachdichtung von Hermann Sternbach,
Georg Müller Verlag, München 1927.
S. 18, Homer Od. 6, 149, S. 86, Homer Od. 23, 232 jeweils aus: Homer, Odyssee,
Übersetzt von Roland Hampe, © Philipp Reclam jun. Verlag, Stuttgart 1979.
S. 18, Sappho, frg. 16, S. 19, Sappho, frg. 138, S. 25, Sappho, frg. 112, S. 28, Sappho, frg. 50, S. 35, Sappho, frg. 105,
S. 45, Sappho, frg. 130, S. 54, Sappho, frg. 47, S. 55, Sappho, frg. 102, S. 61, Sappho, frg. 31, S. 65, Sappho, frg. 48,
S. 68, Sappho, frg. 146, S. 82, Sappho, frg. 96, S. 83, Sappho, frg. 94, S. 85, Sappho, frg 168 aus: Griechische Lyriker,
griechisch und deutsch, gänzlich überarbeitete Neuausgabe übertragen,
eingeleitet und erläutert von Horst Rüdiger, Artemis Verlag, © Artemis & Winkler Verlag, Düsseldorf und Zürich.
S. 67, Max Brod: Weint ihr Grazien … aus: Catullus, Gedichte, vollständige Ausgabe, deutsch von Max Brod, Klassiker des
Altertums II. 12, München / Leipzig; S. 74, Max Brod: Ach ich haße … aus: Catullus, Gedichte, vollständige Ausgabe,
deutsch von Max Brod, Klassiker des Altertums II. 12, München / Leipzig.

Es wurde alles unternommen, um die Copyright-Inhaber der hier abgedruckten Texte zu ermitteln.
Sollte uns dennoch entgegen unserer Absicht und versehentlich der eine oder andere Irrtum unterlaufen sein, bitten wir die
Betroffenen, sich zu melden und uns die Korrektur sowie weitere Ausgaben zu ermöglichen.
Rechtsansprüche der Copyright-Inhaber und ihrer Nachfolger bleiben gewahrt.

Bildnachweis
Illustrationen von Heck´s Pictorial Archive of Art and Architecture bearbeitet von J.G. Heck, herausgegeben von Dover
Publications Inc. © 1994 Dover Publications Inc.
Die Bilder auf den Seiten 1, 17, 55, 68, 80 wurden freundlicherweise vom Bildarchiv Preußischer Kulturbesitz, Staatliche Museen
zu Berlin zur Verfügung gestellt. Fotografien von I. Geske.
Die Bilder auf den Seiten 7(r), 30, 48, 86 wurden freundlicherweise vom Archäologischen Institut und Akademischen
Kunstmuseum der Universität Bonn zur Verfügung gestellt. Fotografien von Wolfgang Klein.
Das Umschlagbild und die Bilder auf den Seiten 4, 16, 34, 72, 96 stammen aus dem Louvre, Paris, und wurden
freundlicherweise von der Réunion des Musées Nationaux zur Verfügung gestellt. Fotografien von Gérard Blot.
Die Bilder auf den Seiten 3(r), 6(r), 7(m), 16, 23, 33, 51, 56, 74/75, 91(o) wurden freundlicherweise vom
Puschkin-Museum, Moskau, zur Verfügung gestellt. Fotografien von L. Gavrilova.
Die Bilder auf der vorderen Klappe und auf den Seiten 3(l), 6(l/m), 7(l), 8, 20, 21, 22(l), 24, 25, 29, 36, 39,
41, 42, 47, 49, 53, 56, 59, 60/61, 66, 70, 76, 81, 82/83, 85, 87, 89, 90, 91(l/u), 94/95 wurden
freundlicherweise vom Ägyptischen Museum, Kairo, und Euphrosyne Doxiadis zur Verfügung gestellt.
Fotografien von Lucinda Douglas-Menzies.
Die Bilder auf den Seiten 9, 12, 15, 19, 43, 45, 50, 65, 79, 88, 92 stammen aus dem British Museum und wurden
freundlicherweise von den Trustees of the British Museum zur Verfügung gestellt.
Die Bilder auf dem Frontispiz und den Seiten 22(l), 27, 28, 37, 69, 84, 91(r) wurden freundlicherweise vom Manchester Museum,
Universität von Manchester, zur Verfügung gestellt.
Das Bild auf der Rückseite des Umschlags und die Bilder auf den Seiten 41, 62/63, 77 wurden freundlicherweise von der
Sammlung Nefer, Schweiz, zur Verfügung gestellt.
Die Bilder auf den Seiten 38 und 58 wurden freundlicherweise von einer privaten Sammlung zur Verfügung gestellt.

DIESES BUCH IST SUZANNE WOLSTENHOLME GEWIDMET

2

BITTERSÜSSER STACHEL DER LIEBE

WORTE DER LIEBE VON RÖMERN UND GRIECHEN

HERAUSGEGEBEN VON MICHELLE LOVRIC
UND NIKIFOROS DOXIADIS MARDAS

arsEdition

INHALT

5

EWIG WÄHRENDE BILDER VON

ANMERKUNGEN ZU TEXT UND URSPRUNG DES BUCHES

DIES BUCH ABER LESE DAS MÄDCHEN
VOLL GLUT BEIM ANBLICK DES LIEBSTEN,
UND DER KNABE, DER SCHEU DIE ERSTE
VERLIEBTHEIT GESPÜRT;
IN IHM ERKENNE DER JÜNGERE MANN,
GETROFFEN VOM SELBEN BOGEN WIE ICH,
DIE ANZEICHEN SEINES EIGENEN FIEBERS,
UND MIT STAUNEN MAG ER DANN SAGEN:
»VON WELCHEM SPION HAT ES DER DICHTER
ERFAHREN, DASS ER MEIN EIGENES UNGLÜCK
SO DARSTELLEN KANN?«

OVID, AMORES 2.1

VI

6

LIEBE UND LEIDENSCHAFT

IM GEGENSATZ ZU HERRSCHERN UND KRIEG HINTERLÄSST LIEBE KAUM EINE SPUR FÜR ARCHÄOLOGEN:

NUR DIE KÜSSE, DIE SCHRIFTLICH FEST-
GEHALTEN WURDEN, ÜBERLEBEN DAS KURZE
AUFGLÜHEN MENSCHLICHER LEIDENSCHAFT.
EZRA POUND BESCHREIBT DIE ÜBERSETZUNG
ANTIKER AUTOREN ALS »DEN GEISTERN BLUT
EINFLÖSSEN«. DIESES BUCH MÖCHTE DEN LIEBES-
GEDICHTEN UND BRIEFEN DER GROSSEN UND DER
UNBEKANNTEN LIEBENDEN DES ANTIKEN MITTELMEERRAUMES
LEBEN EINHAUCHEN. VIELE LESER WIRD ÜBERRASCHEN, DASS DIE
MEHRERE TAUSEND JAHRE ALTEN WORTE EBENSO FRISCH,
LEIDENSCHAFTLICH UND TEILWEISE RESPEKTLOS SIND WIE MODERNE
LYRIK. SPIELEN, KÄMPFEN, FLIRTEN – LITERATUR ANTIKER DICHTER
IST NICHT EIN SCHATTEN, SONDERN EIN SPIEGEL UNSERER EIGENEN ERFAHRUNGEN.

Zur Ver-
anschau-
lichung der
Gedichte
suchte ich antike
Bilder von ähnlich
erstaunlicher Moder-
nität – und hatte das
Glück, sie zu finden.

Als ich zu Beginn der neun-
ziger Jahre eine von insgesamt
vier Reisen nach Ägypten unter-
nahm, blieben mir nicht die Pyra-
miden oder die Tempel im Gedächt-
nis, sondern ein Raum im Archäologischen Museum in Kairo verfolgte
mich – ein Saal voll mächtiger Per-
sönlichkeiten, sich selber beredt erklärend
und ewig an diesem Ort statuarischen
Schweigens lebend. Diese auf Mumien-
schreine gemalten Gesichter wurden als Porträts von El-Fayum bekannt. Sie sind auf griechischen Friedhöfen im Laufe der letzten 100
Jahre entdeckt worden und datieren aus dem
Ägypten der Römerzeit.

Diese Porträts sind das Intensivste und Faszinierendste
an personenbezogener Kunst, was die Antike überlebt
hat. Die Gesichter sind nicht für jeden Zeitgeschmack
schön, aber von größtem Reichtum im Ausdruck. Sie scheinen
zum Sprechen anzusetzen. Für mich drücken diese aufmerksam
blickenden Gesichter alle Zustände der Liebe aus – von der
Verführung bis zu unstillbaren Liebesqualen. Nur ihre präch-
tig glänzende Patina verrät ihre Herkunft aus der Antike. Gemalt in
der Technik der Enkaustik oder Tempera, verhelfen sie dem ägyptischen Glauben zur Wahrheit, dass jede Seele ein zweites Ich
besitzt, das aus dem Grab aufsteigt und ewig lebt. Glücklicherweise
werden nun sehr viel mehr Menschen die Möglichkeit haben, diesen
unvergesslichen Gesichtern zu begegnen – in Ausstellungen der Fayum-

Por-
träts im
British Mu-
seum in Lon-
don, im Pariser
Louvre und in Mu-
seen und Galerien in
Rom und Österreich.

Ich war verzaubert von dem
Gedanken, diese Gesichter mit
Auszügen aus Gedichten zu um-
geben, die ihnen vielleicht bekannt
waren und die sie zu Lebzeiten schätz-
ten. Abgebildet sind Menschen, die unter
römischer Herrschaft in Ägypten lebten,
aber griechisch sprachen und schrieben. Daher
rührt meine Entscheidung, Gedichte aller drei
Kulturen zu vereinen.

Dieses Buch wäre nicht möglich gewesen ohne die
Hilfe von Euphrosyne Doxiadis, einer griechischen
Künstlerin und Schriftstellerin, deren Buch THE
MYSTERIOUS FAYUM PORTRAITS, Faces from Ancient
Egypt, die erste und beste Untersuchung der Bilder ist. Als
ich ihr meine Idee erklärte, war sie begeistert. Sie hat sehr viel
zu diesem Buch beigetragen zusammen mit ihrem Sohn,
Nikiforos, der vor kurzem seinen ersten Abschluss in klassischen
Sprachen in Cambridge absolviert hat.

Jede Zeit hat ihre eigene Art zu formulieren und Liebe und
Zärtlichkeit auszudrücken. Bei der Übersetzung dieser Gedichte wurde
versucht, die Kluft der Jahre zwischen uns und den antiken Autoren zu
überbrücken und damit den »literarischen Geistern Blut einzuflößen«.
Das Buch ist in Gefühlsabschnitte unterteilt, die den Verlauf einer
Liebesgeschichte nachvollziehen, sei sie nun antik oder modern. Liebe
unterliegt keinen Veränderungen (...)

MICHELLE LOVRIC, MÄRZ 1997

GÖTTER

GÖTTER

JEWEILS AN ERSTER STELLE STEHEN
DIE GRIECHISCHEN NAMEN

APHRODITE/VENUS
Göttin der Liebe, Schönheit und
Fruchtbarkeit, ebenso bekannt
unter dem Namen Kypris und
unter Kythere, da sie in der Nähe
der griechischen Insel Kythera der
Meeresbrandung entstiegen sein
soll.

ARTEMIS/DIANA
Göttin der Jagd und der Wildnis,
dargestellt als jungfräuliche Jägerin.

ATHENE/MINERVA
Jungfräuliche Kriegsgöttin, dargestellt in Rüstung zur Schlacht
bereit. Sie war die Stadtpatronin
von Athen.

DIONYSOS/BACCHUS/LIBER
Gott des Weins und der Ekstase;
zumeist wird er zurückgelehnt dargestellt mit Weintrauben oder einem Weinglas in der Hand.

EROS/AMOR/CUPIDO
Gott der Liebe. In früher griechischer Literatur war er die schöne,
aber grausame Personifizierung
physischer Begierde. Die vertraute
Vorstellung von ihm als kleiner,
schadenfroher Sohn von Aphrodite basiert auf einer späteren literarischen Konzeption, die ihren
stärksten Ausdruck in hellenistischer Zeit fand. Ein Beispiel dafür
ist Meleagers Porträt auf Seite 76.

DICHTER

Adaios (1. Jahrhundert
v. Chr.) aus Makedonien.

Agathias Scholastikos
(um 533/32–579/82 n. Chr.)
übte den Anwaltsberuf in Konstantinopel aus und war ver-
heiratet mit der Tochter des
Dichters Paulos.

Alkaios (um 200 v. Chr.) aus
Messene.

Alkman (zweite Hälfte des
7. Jahrhunderts v. Chr.) aus
Sparta.

Anakreon (um 580–485 v. Chr.)
aus Teonos in Kleinasien, be-
rühmt für seine Gedichte, die
die Freuden, die aus Liebe und
Wein resultieren, preisen.

Anakreontische Lieder.
Eine Sammlung von Gedichten,
die über Jahrhunderte von verschiedenen Autoren zusammen-
gestellt wurde. Die Gedichte
spiegeln in Inhalt und Form den
Einfluss Anakreons wider.

Antiphilos (im 1. Jahrhundert
n. Chr.) aus Byzanz.

Apollonios Rhodios (um 295–
215 v. Chr.), hellenistischer Epiker und Gelehrter aus Alexandria.

Asklepiades (um 290 v. Chr.)
aus Samos. Ihm wird die Ein-
führung von Eros als Bogen-
schütze und als Kleinkind in die
Liebesdichtung zugeschrieben.

Bianor (aus der Zeit um Christi
Geburt) aus Bithynien.

Bion (im 2. Jahrhundert v. Chr.)
aus Phlossa in Kleinasien.

Catull (Gaius Valerius Catullus)
(ca. 84–54 v. Chr.), römischer
Dichter aus Verona. Seine
berühmtesten Liebesgedichte
handeln von seiner stürmischen
Affäre mit »Lesbia«.

Diskorides (um 230 v. Chr.) aus
Nikopolis.

Empedokles (um 482/83–433
v. Chr.) aus Akragas (Agrigent)
in Sizilien. Griechischer Philosoph, Wissenschaftler, Dichter
und Politiker.

Euenos (wahrscheinlich
1. Jahrhundert n.Chr.),
griechischer Dichter.

Euripides (um 484–406
v. Chr.), griechischer Dramatiker und jüngster der drei
großen Tragödiendichter.

Der Kranz der Sulpicia. Fünf
Gedichte über die Liebe der
Dichterin Sulpicia zu Cerin-
thus.

Gauradas (Lebenszeiten nicht
bekannt), griechischer Dichter.

Anthologia Graeca. Aus frü-
heren Sammlungen verschmol-
zen bewahrt die Anthologie mit
über 4000 Gedichten eine
außergewöhnlich große Menge
antiker Dichtung aus verschiedenen Jahrhunderten.
Die Bücher 5 und 12 sind eine
Sammlung von Liebesge-
dichten.

& Dichter

Hesiod (um 700 v. Chr.), einer der frühesten griechischen Dichter.

Hippokrates (um 460–377 v. Chr.) aus Kos, griechischer Arzt.

Homer (im 8. Jahrhundert v. Chr.) aus Chios oder Samos. Griechischer Epiker, Autor der Ilias und der Odyssee.

Homerische Hymnen. Die 33 Hymnen, in Griechisch verfasst, entstanden zwischen dem achten und dem sechsten Jahrhundert v. Chr. Ihre Zuweisung ist umstritten.

Horaz (Quintus Horatius Flaccus) (65–8 v. Chr.), römischer Dichter.

Ibykos (um die Mitte des 6. Jahrhunderts v. Chr.) aus Rhegion in Süditalien. Griechischer Lyriker.

Kallimachos (um 305–240 v. Chr.) aus Kyrene. Hellenistischer Dichter, dessen reiches Werk starken Einfluss auf römische Dichter wie Catull, Ovid und Properz hatte.

Longos (wahrscheinlich um die Mitte des 3. Jahrhunderts v. Chr.) aus Lesbos.

Lukrez (Titus Lucretius Carus) (94–55 v. Chr.), römischer Philosoph und Dichter.

Lygdamus (ausgehendes 1. Jahrhundert n. Chr.), römischer Autor von Liebeselegien.

Martial (Marcus Valerius Martialis) (um 40-103 n. Chr.), römischer Dichter aus Bilbilis in Spanien.

Marcus Argentarios (frühes 1. Jahrhundert v. Chr.), griechischer Dichter.

Meleager (um 130–60 v. Chr.), griechischer Dichter und Philosoph.

Nossis (um 310 v. Chr.), griechische Dichterin aus Lokri in Süditalien.

Ovid (Publius Ovidius Naso) (um 43 v. Chr. bis 18 n. Chr.), römischer Dichter, dessen einfallsreiche und oft subversive Dichtung ihm großen Ruhm, aber auch die Verbannung ans Schwarze Meer durch Kaiser Augustus einbrachte.

Paulos Silentarios (um die Mitte des 6. Jahrhunderts n. Chr.), Hofbeamter des Kaisers Justinian in Konstantinopel.

Petronius (Gaius Petronius Arbiter) (im 1. Jahrhundert n. Chr.), römischer Schriftsteller, Autor des Satyrikon.

Philodemos (um 110–40 v. Chr.) aus Gadara in Syrien.

Pindar (522 oder 518 bis nach 466 v. Chr.) aus Kynoskephalai bei Theben. Griechischer Lyriker.

Platon (427–347 v. Chr.), Philosoph aus Athen.

Polemon (im 1. Jahrhundert v. Chr.), Herrscher von Pontos.

Properz (Sextus Propertius) (um 50-15 v. Chr.), römischer Dichter, dessen Liebeselegien zumeist »Cynthia« gewidmet sind, wahrscheinlich ein griechisches Synonym seiner wirklichen Geliebten Hostia.

Pseudo-Lukian. Bezeichnung einer Sammlung von witzigen Dialogen in griechischer Sprache, die im Stil des Dichters Lukian (um 120 oder 125 bis Ende des 2. Jahrhunderts n. Chr.) verfasst wurden.

Rufinus (2. Jahrhundert n. Chr.), griechischer Dichter.

Rufinos Domestikos (Lebensdaten unbekannt), griechischer Dichter.

Sappho (um 600 v. Chr.) aus Eresos auf Lesbos. Griechische Lyrikerin.

Sophokles (um 496–405 v. Chr.), griechischer Dramatiker, der mittlere der drei großen Tragödiendichter Athens.

Theokritos (um 310–250 v. Chr.) aus Syrakus in Sizilien. Autor bukolischer Gedichte.

Tibull (Albius Tibullus) (um 55-19 v. Chr.), römischer Autor von Liebeselegien.

Vergil (Publius Vergilius Maro) (70–19 v. Chr.), römischer Dichter, Autor des augusteischen Epos Aeneis.

11

DIE IM BUCH ERSCHEINEN

SÜSSES GEHEIMNIS

ἡ θεὸς οἶδε μόνη

Ich habe mich verliebt,

ich habe geküsst,

ich habe ein Herz

gewonnen,

ich habe genossen

und wurde geliebt.

Doch wer ich bin

τίς δέ,

καὶ ἦς,

καὶ πῶς

und wer sie

und wie es geschah –

dies weiß allein die

Göttin der Liebe.

ANONYMOS,
Anthologia Graeca, 5.51

XII

DER LIEBE

ἅδιον οὐδὲν ἔρωτος

NICHTS IST SÜSSER ALS LIEBE;
WEIT HINTER IHR STEHEN
DIE ANDEREN FREUDEN,
UND, VERGLICHEN MIT IHR,
SPUCKE ICH SOGAR HONIG AUS.

NOSSIS,
Anthologia Graeca, 5.170

Einst fand ich beim Flechten einer Girlande

Eros zwischen den Rosen.

Ich hielt ihn fest an den Flügeln

und tauchte ihn in mein Weinglas,

nahm es und trank ihn hinunter.

Jetzt, in meinem Innern,

kitzelt er mich süß mit seinen Flügeln.

ANAKREONTISCHE LIEDER,
Gedicht 6

13

ALS ICH ANTIOCHOS KÜSSTE, DEN HÜBSCHESTEN UNTER
DEN KNABEN, TRANK ICH DEN SÜSSEN HONIG DER SEELE.

MELEAGER,
Anthologia Graeca, 12.133

Liebe findet durch alles einen Weg, durch Feuer, durch Wasser und durch skythischen Schnee.

LONGOS,
Daphnis und Chloe, 3

WAS TÄTEN WIR OHNE DIE ROSE?

ROSENFINGRIGER MORGEN, ROSENGELENKIGE NYMPHEN,

ROSENHÄUTIGE APHRODITE.

ANAKREONTISCHE LIEDER,
Gedicht 55

14

DREISTER Gott der Liebe, WOZU ZWINGST DU DIE MENSCHEN NICHT?

VERGIL,
Aeneis 4.14 (Dido und Aeneas)

Oh Aphrodite, du lenkst den unbeugsamen

Sinn der Götter und Menschen,

und bei dir ist Eros, der dich umkreist

mit hurtigen bunten Schwingen.

Er fliegt über Land, fliegt

über die tosende Salzflut

und bezaubert, wenn er ein liebendes Herz

stürmisch berührt, mit dem Glanz seiner

goldenen Schwingen.

EURIPIDES,
Hippolytos 1268
Aus einem Chorgesang über das zentrale Thema des Stückes,
die tödliche Gefahr, die jeden bedroht, der die Macht der Aphrodite leugnet.

15

IM BLUT, DAS DER MENSCHEN HERZ
UMFLIESST, *liegt ihr Denken.*

EMPEDOKLES,
frg. 105

Schönes, geliebtes Wesen

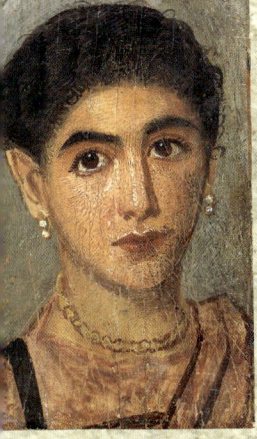

DIE LIEBE SCHUF SICH EINE LEITER DER LUST: IHRE ERSTE STUFE IST SCHAUEN.

DENN KEINER IST JE **DER LIEBE ENTFLOHEN** UND KEINEM WIRD ES GELINGEN, SOLANGE ES SCHÖNHEIT GIBT UND AUGEN, FÄHIG ZU SEHEN.

LONGOS,
Daphnis und Chloe

Nicaretes schönes Gesicht,
von Sehnsucht bewegt,
das oft hoch oben am Fenster erschien,
ist nun getroffen, teure Aphrodite,
von funkelnden Blitzen,
die ihr Kleophon, am Tor wartend,
mit zärtlichem Blick hinaufschickt.

ASKLEPIADES,
Anthologia Graeca, 5.132

PSEUDO-LUKIAN,
Erotes

EROS
HAT EINST
MEIN BILD
TIEF
IN DEIN
HERZ
GEPRÄGT ...
FEST
IN MEINE
SEELE
GEPRESST
TRAGE ICH
DAS BILD
DEINER
SCHÖNHEIT.

PAULOS SILENTARIOS,
Anthologia Graeca, 5.274

Sie stahl all den

REITERHEERE BEEINDRUCKEN DIE EINEN, DIE ANDEREN HALTEN

FUSSVOLK ODER EIN HEER VON SCHIFFEN FÜR DAS SCHÖNSTE AUF

ἰππήων   *πεσδὼν*

ERDEN – ICH ABER DAS, WAS MAN LIEB HAT.

νάων

SAPPHO,
frg. 16

18 Herrin, ich flehe dich an, *bist Göttin du oder sterblich?*
Falls du zu den Göttern gehörst, die den weiten Himmel bewohnen,
Möcht ich der Artemis dich, der Tochter des Zeus, des Großen,
Wohl an Aussehn, Größe und Wuchs am meisten vergleichen.
Bist du der Sterblichen eine, welche die Erde bewohnen,
Dreimal selig der Vater dir dann und die Mutter, die hehre,
Dreimal selig die leiblichen Brüder! Muss sich ihr Herz doch
Immerzu deinetwegen in Wohlgefallen erwärmen,
Wenn sie sehn, wie eine solche Knospe schreitet zum Reigen.
Der aber wird von Herzen der Seligste, weit vor den andern,
Der in sein Haus dich führt und mit Brautgeschenken dich aufwiegt.
Denn noch nie einen solchen Sterblichen sah ich mit Augen,
Weder Mann noch Frau; ich staune bei deinem Anblick.

HOMER,
Od. 6, 149
*Aus einer Rede des Odysseus, die er, nur mit einem Lendenschurz notdürftig bekleidet, an Nausikaa, Tochter des Königs Alkinoos,
richtet. Sein Boot hatte Schiffbruch erlitten und er ist gerade als einziger Überlebender an Land geschwommen.*

Liebreiz

DER FLUSS IST WIE WEIN,

seine Schilfrohre der Gott Ptah,

SEKHMET SEINE LOTUSKNOSPEN,

Yadit seine Lotusknospen, 19

NEFERTEM SEINE LOTUSKNOSPEN,

die Erde wird Licht

DURCH MEINER SCHWESTER LIEBREIZ.

HARRIS PAPYRUS,
19. Dynastie, Neues Reich, Ägypten
Ptah war der Gott der Wahrheit und des Totengerichts, Sekhmet die
löwengestaltige Kriegsgöttin, Nefertem war der Sohn von Sekhmet
und Ptah. Yadit ist wahrscheinlich eine niedere Gottheit. (Nach
einer Übersetzung von Barbara Hughes Fowler, 1994)

Lesbia ist schön – die Anmutigste von allen,
und sie alleine hat den anderen ihren

Liebreiz gestohlen.

CATULL,
Gedicht 86

τὰν ἐπ’
ὄσσοισ’
ὀμπέτασον
χάριν

ENTFALTE DIE

Die Natur gab
den Stieren Hörner,
den Pferden Hufe,
den Hasen Schnelligkeit,
den Löwen ein grosses
Maul voller Zähne,
den Fischen
das Schwimmen,
den Vögeln das Fliegen,
den Männern die Weisheit,
den Frauen – für die war
nichts mehr übrig.
Was nun?
Sie gab ihnen Schönheit,
einem Schild gleich
und gleich einem Speer.
Denn sogar
Stahl und Feuer
besiegt eine
schöne Frau.

ANAKREONTISCHE LIEDER,
Gedicht 24

ANMUT IN DEINEM BLICK

SAPPHO,
frg. 138

*Die Musen fesselten Eros und
übergaben ihn der Schönheit.
Nun überbringt Aphrodite
das Lösegeld und versucht,
dass er freikommt.
Doch lässt man ihn frei,
wird er nicht gehen,
sondern bleiben, denn schon
hat er gelernt,
der Schönheit Sklave zu sein.*

ANAKREONTISCHE LIEDER,
Gedicht 19

VERRÜCKT MACHEN SIE MICH, DIE PLAPPERNDEN ROSIGEN LIPPEN,
TÜREN ZU IHREM HONIGMUND, DIE MEINE SEELE SCHMELZEN.
IHRE AUGEN, DIE UNTER IHREN DUNKLEN BRAUEN FUNKELN,
UMGARNEN MEIN HERZ MIT NETZEN UND SCHLINGEN,
IHRE BRÜSTE, SO MILCHIGWEISS UND SCHÖN VERBUNDEN,
SO ERSEHNT,
SO SCHÖN GESTALTET, ERGÖTZLICHER ALS JEDE KNOSPE.

DISKORIDES,
Anthologia Graeca 5.56

DER BLICK DER

XXII

Voller Begierde, die die Glieder löst
dahinschmelzend, mehr als im Schlaf
oder im **TOD**, blickt sie mich an.

ALKMAN,
frg. 3 (26 Calame)

CYNTHIA WAR
DIE ERSTE, DIE
MICH ÄRMSTEN
MIT IHREN AUGEN
EINFING; NIE ZUVOR
HATTE MICH
DIE LIEBE
BERÜHRT.

PROPERZ
1.1.1f

Weder Kavallerie
noch Infanterie,
noch die Marine hat mich
vernichtet, nein, es war eine
andere, neue Streitmacht,
die mich niedergestreckt
allein mit den **Augen**.

ANAKREONTISCHE LIEDER,
Gedicht 26

LIEBE

Nur eine Schönheit kenne ich,
nur nach einem sehnt sich mein Auge:
meinen Mysikos zu betrachten;
für alles andere bin ich blind.

MELEAGER,
Anthologia Graeca 12.106

Ihr Halsband ist aus Knospen,

ihre Glieder sind wie zarte Schilfrohre.

Sie trägt einen Siegelring

und hält eine Lotusblume in der Hand.

Ich küsse sie vor allen anderen,

damit alle meine Liebe sehen.

Sie entzückt mein Herz, und wenn sie

mich ansieht, bin ich erfrischt.

20. Dynastie, Neues Reich, Ägypten
(Nach einer Übersetzung von Barbara Hughes Fowler, 1994)

23

WIE VOGELLEIM SIND DEINE KÜSSE UND
DEINE AUGEN, TIMARION, WIE FEUER.
FEST HÄNGT, WEN DU BERÜHRST, UND
WEN DU ANBLICKST, DER BRENNT.

MELEAGER,
Anthologia Graeca 5.96

KLEOBOULOS lieb ich, KLEOBOULOS ersehn ich bis zur Raserei, KLEOBOULOS nur schau ich an.

ANAKREON,
frg. 359

XXIV

AUGEN

IHRE AUGEN LEUCHTEN
WIE GOLD,
KLAR WIE GLAS IST
IHRE WANGE,
IHR MUND LIEBLICH
WIE EINE PURPURNE
KNOSPE,
IHR HALS WEISS WIE MARMOR
UND SCHIMMERND
IHRE BRUST,
UND IHRE FÜSSE
GLÄNZEN WEISSER
ALS BEI THETIS.

RUFINOS,
Anthologia Graeca 5-48
Thetis, der bestimmt wurde, einen Sohn
großartiger als seinen Vater zu gebären,
war die Mutter des Achill.

ΕΡΟΣ, ΕΡΟΣ, IN DIE AUGEN

UND STERNE

Schaust du zu den Sternen empor, mein Stern?

Wäre ich der Himmel, ich schaute

mit all meinen Augen auf dich.

PLATON,
Anthologia Graeca, 7. 669

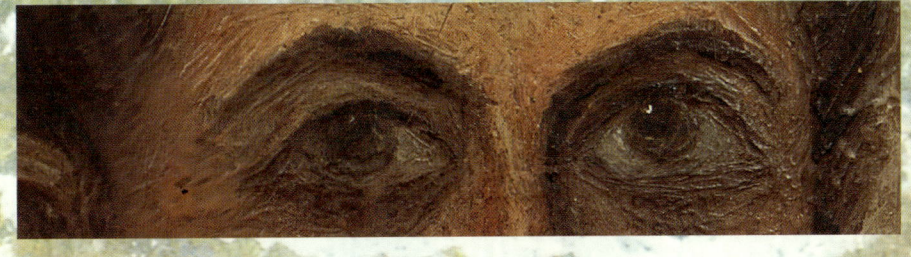

LIEBLICH IST DEINE GESTALT,
DEINE AUGEN ... HONIG,
UND LIEBE ERGIESST SICH
ÜBER DEIN ERSEHNTES ANTLITZ.

SAPPHO,
frg. 112

EURIPIDES,
Hippolytos, 525

TRÄUFELST DU SÜSSES VERLANGEN.

Die Kunst der Liebe

WER FORMTE DAS MEER?

Welche wilde Kunst goss die Wogen auf ein Silbertablett?

Welcher zu den himmlischen Göttern aufstrebende Geist

schnitzte aus dem Rücken der Wellen die zarte, weiße Kypris?

Nackt zeigt er sie und verbarg mit den schäumenden Wogen

nur das, was auch verborgen sein sollte.

ANAKREONTISCHE LIEDER,
Gedicht 57

26

Kommt her, ihr Besten der Maler,

Malt, ihr Besten der Maler,
Meister der rhodischen Kunst.
Malt mein Mädchen, das fern ist,
So wie ich sie beschreib.
Malt zuerst ihr weiches, dunkles Haar,
Und wenn das Wachs es vermag,
Lasst es nach Salböl duften.
Malt ihre Wangen und unter ihrem
Schwarzhaar
   ihre elfenbeinfarbene Stirn.
Ihre Augenbrauen sollten weder zu nah
Noch zu fern voneinander gesetzt sein,
Doch lasst, wie in Wirklichkeit, sich
   unmerklich treffen
Die schwarzen Striche über ihren Lidern.
Nun legt ihr Feuer in den Blick, so wie er ist,
Schimmernd wie bei Athene,
Und feucht wie bei Aphrodite.
Malt ihre Wangen und Nase
Aus Rosen und Milch gemischt.
Malt ihre Lippen wie Peithos
Als Aufforderung zum Kuss.
Unter ihrem sanft geschwungenen Kinn
Lasst alle Grazien um ihren
Alabasterhals tanzen.
Kleidet sie in Gewänder aus hellem Purpur,
Aber lasst ein wenig Haut
   hindurchschimmern,
   um die Schönheit des Körpers anzudeuten.
Tretet zurück: Ich sehe sie schon!
Wachs, gleich fängst du an zu sprechen!

ANAKREONTISCHE LIEDER,
Gedicht 16
*Unter rhodischer Kunst versteht man die Malerei, üblicherweise wurden
Wachsbilder für Porträts verwendet. Peitho ist die Göttin der Über-
redungskunst.*

XXVII
27

τὸ δὲ βλέμμα νῦν ἀληθῶς ἀπὸ τοῦ πυρὸς ποίησον

Wahre Liebe

Der Schöne ist schön – so weit, wie sein Anblick zeigt,
der Gute aber wird bald ebenfalls schön sein.

σελίνων   SAPPHO,   οὐλοτέρη
frg. 50

PHILAINION IST KLEIN UND EHER SCHWARZ,
ABER KRAUSER ALS PETERSILIE ROLLT SICH IHR HAAR
UND IHRE HAUT IST WEICH WIE FLAUM. MEHR ZAUBER LIEGT
IN IHRER STIMME ALS IM GÜRTEL VON APHRODITE, UND ALLES
GEWÄHRT SIE MIR UND WILL MEIST NICHTS DAFÜR.
SO SEI PHILAINION MIR IMMER LIEB,
BIS ICH EINE ANDERE FINDE, GOLDENE KYPRIS,
eine, die mir noch besser gefällt.

PHILODEMOS,
Anthologia Graeca 5.121

ist blind

Eine Schwärzliche ist »honigfarben«, eine Schmutzige und Übelriechende »von süßer Nachlässigkeit«, ..., eine Sehnige und Hölzerne »eine Gazelle«, ein zu kurz geratener Zwerg »eine der Grazien« und »voller Witz«, eine Riesengroße ist »imponierend und voller Würde«. Wenn sie stottert und nicht sprechen kann, »lispelt« sie, eine stumme ist »schüchtern«. Ist sie exaltiert, eine aufdringliche Schwätzerin, nennt man sie »sprühend«, ist sie mager, als wäre sie dem Verhungern nah, ist sie ein »zierlicher Liebling«, wenn schon fast tot vom Husten, ein »schmächtiges Kind« ... und hat sie wulstige Lippen, ist es ein »Kussmund«.

LUKREZ,
De Rerum Natura, 4.1160

MIR BIST DU REIZVOLL GENUG,
kommst du nur häufig zu mir.

PROPERZ
2.18.30

GESCHENKE DER LIEBE

Komm doch her, schöner Knabe! Sieh nur, die Nymphen bringen dir Körbe voll Lilien; die schönste Najade pflückt blassblaue Levkojen und Mohnblüten, bindet Narzissen und wohlriechenden Dill dazu, webt Zimtnelken und andere würzige Kräuter hinein, und die zarten Hyazinthen umrahmt sie mit strahlendem Goldlack.

Ich selbst pflück dir Quitten, silbrig mit zartem Flaum, und Kastanien, die einst Amaryllis LIEBTE.

VERGIL,
Ekloge 2

30

LASS DIR NICHT VON EINER FRAU, HERAUSGEPUTZT WIE EIN PFAU, DIE SINNE VERWIRREN, WENN SIE MIT SCHMEICHELNDEN REDEN ZU DIR KOMMT:
Sie trachtet nach Haus und Hof.

HESIOD, *Werke und Tage 373f.*

ICH SCHICKE DIR *duftendes Öl,* **DOCH NICHT DICH, SONDERN DEN** *Duft* **WILL ICH EHREN, DENN DU SELBST KANNST DEM** *Duft* **NOCH** *Duft* **VERLEIHEN.**

ANONYMOS,
Anthologia Graeca 5.91

Ἔρως

EIN KNABE

IST

AMOR

UND NACKT (...)

ER HAT

KEINE KLEIDUNG,

DAMIT ER

FREI

IST.

OVID,
Amores 1.10

XXXI
31

Eine Quitte bin ich vom letzten Jahr,
noch frisch und konserviert in meiner jungen Schale,
ohne Flecken, ohne Runzeln, flaumig wie eben gewachsen,
noch nicht gepflückt vom beblätterten Zweig.
Eine seltene Gabe im Reich des Winters, doch selbst Kälte
und Schnee bringen solche Ernte, meine Geliebte – für dich.

ANTIPHILOS,
Anthologia Graeca 6.252

VERFÜHRUNG

Und wieder spielt der goldgelockte
Liebesgott mir seinen Purpurball zu
und bestellt mich ein, dass ich
spiele mit dem Mädchen in den
bunten Sandalen.

ANAKREON,
frg. 358

νήνι ποικιλοσαμβάλῳ

ZAHLLOSE LISTEN BESTÜRMEN DAS HERZ DER VERLIEBTEN,
WIE RINGS UM DAS RIFF DIE WOGEN SCHLAGEN.

OVID,
Remedia Amoris 691

Amor ist nackt und liebt nicht künstliche Schönheit.
Schau, welche Farben das unbestellte Erdreich hervorbringt,
wie der Efeu in Freiheit sich besser entwickelt,
schöner erhebt sich der Erdbeerbaum in einsamer Grotte,
und klares Wasser weiß auf Wegen zu fließen, die niemand ihm gezeigt hat.
Natürliche Steinchen an Küsten leuchten wie ein Mosaik,
und Vögel singen ungekünstelt süßer.

PROPERZ, 1.2.8ff.

Der Samen wird in uns erregt,

sobald das Erwachsenenalter unsere Glieder kräftigt. Sobald nun der Samen seinen ursprünglichen Sitz verlässt, zieht er sich durch den ganzen Körper, sammelt sich in bestimmten Gliedern und erregt dann sofort die Geschlechtsteile des Körpers selbst. So angeregt schwellen diese Teile durch den Samen an und der Wunsch entsteht, ihn dorthin herauszuschleudern, wohin sich die fürchterliche Begierde wendet, und er sucht den Körper, durch dessen **Liebe der Geist** verwundet wurde.

LUKREZ,
Welt der Atome, 1.1037

33

Was morgen sein wird, vermeide zu fragen,
und jeden Tag, den das Schicksal dir schenkt,
zähle ihn als Gewinn.
Verschmähe nicht Liebesfreuden, noch Knaben
und Tänze, solange du jung bist.

HORAZ, *Oden 1.9*

NACHT KENNT KEINE SCHEU
UND BACCHUS UND AMOR
NICHT **Furcht.**

OVID,
Amores 1.6

Asklepias, der Liebe ergeben,
mit Augen, leuchtend blau
wie das windstille Meer, überredet alle,

DIE SEGEL DER LIEBE ZU SETZEN.
OVID
Ars Amatoria I

Doris
riss sich
ein Haar
aus den
goldenen
Locken und
band es
mir
um die
Hände,
als hätte
sie mich
gefangen
im Krieg.

Dein
Mund
ist eine
Angel,
deren
Haken
getränk
ist mit
Tollheit.

DEM KLEE, DER WOLF FOLGT

DER ZIEGE, DER

KRANICH FOLGT DEM PFLUG

DIE ZIEGE FOLGT

UND ICH DIR WILD VOR LIEBE.

THEOKRITOS,
Idyll 10 (Die Schnitter)

PAULOS
SILENTARIOS,
Anthologia Graeca
5.230

MACEDONIOS,
Anthologia Graeca
5.247

Zuerst fasse dein Herz die Zuversicht,
du könntest alle fangen; fangen wirst du sie dann.

LEGE DIE NETZE NUR AUS!
OVID,
Ars Amatoria 1.269f.

BALD

wärmte sich

HAUT AN HAUT,

unsere Gesichter

GLÜHTEN

mehr als zuvor,

UND SÜSSES

Geflüster

KAM

und ging.

THEOKRITOS,
Idyll 2 (Die Zauberin)

WIE DER HONIGAPFEL SICH RÖTET AM ENDE

DES ASTES, AN DER SPITZE DES HÖCHSTEN WIPFELS,

IHN VERGASSEN DIE APFELPFLÜCKER,

NEIN – NICHT DASS SIE IHN EINFACH VERGASSEN,

SIE KONNTEN IHN NUR NICHT ERREICHEN.

SAPPHO,
frg. 105

35

Es ist schön, zu wandern auf üppigen Wiesen,
wo der leichte Abendwind angenehm weht,
die Ranken des Bacchus zu sehen
und unter die Blätter zu schlüpfen,
um dort ein zartes Mädchen zu umarmen,
das duftet nach Kypris' Parfüm.

ANAKREONTISCHE LIEDER,
Gedicht 41

PARVA LEVES

36

Kunst führt die schnellen Schiffe mit Segel und Ruder,
Kunst führt das leichte Gespann:
Auch Amors Führerin sei Kunst.

OVID,
Ars Amatoria 1.3f.

Das Mädchen fällt dir nicht aus luftigen Höhen herab
in den Schoß;
Mit deinen eignen AUGEN musst du eine suchen,
die zu dir passt.

OVID,
Ars Amatoria 1.43f.

Die Schlüssel zur heimlichen Liebe —
verborgen liegen sie in der Kunst der
weisen Überredung.

PINDAR,
Pythische Ode 9

arte arte
arte
arte arte

WENN DU EINEN SCHÖNEN JUNGEN MANN SIEHST, SCHMIEDE DAS
EISEN, SOLANGE ES HEISS IST. SAG, WAS DU WILLST, UND GREIF
NACH DEM, WAS IHN ZUM MANN MACHT! DENN SAGST DU:
»WIE ACHTE ICH DICH«, UND »WIE EIN BRUDER WILL ICH DIR
SEIN«, VERSPERRT DIR DIE SCHAM DEN WEG ZUM ZIEL.

ADAIOS,
Anthologia Graeca, 10.20

arte
arte arte

CAPIUNT ANIMOS

Fällt vielleicht per Zufall Staub in den Schoß deines Mädchens, dann schüttle ihn sofort mit deinen Fingern ab. Ist kein Staub da, dann schüttle eben ab, was nicht vorhanden ist.

Nütze jede Gelegenheit zur Dienstfertigkeit: Hängt ihr Kleid zu tief hinunter und schleift auf der Erde, raffe es und heb es eifrig aus dem Schmutz. Gleich, quasi als Lohn für deinen Dienst, lässt sie dich einen Blick auf ihr Bein erhaschen.

Kleine Gesten nehmen leichte Gemüter ein. Es nützte schon vielen, wenn sie mit lockerer Hand das Kissen zurecht rückten.

Sieh zu, dass du als Erster den Becher an dich reißt, den sie mit den Lippen berührt hat, und an der Stelle trinkst, wo auch das Mädchen trinkt.

Auch sollte dein Wunsch sein, dass der Mann des Mädchens dich symphatisch findet. Er wird euch nützlicher sein, wenn er einmal dein Freund ist.

Tränen erweisen sich ebenfalls als nützlich; mit Tränen wirst du Stahl erweichen. Lasse sie, wenn du kannst, deine feuchten Wangen sehen. Fehlen dir Tränen – denn sie kommen nicht immer zum richtigen Zeitpunkt – berühre mit angefeuchteter Hand deine Augen!

OVID, *Ars Amatoria* 1.149ff.

XXXVII

Wenn du liebst,
lass dir deinen Stolz nie in die Knie zwingen,
verlier dich nicht in weinerlichem Flehen,
halte deine Gefühle bedeckt und gib dich distanziert, so zieh
etwa deine Augenbrauen nach oben und gehe sparsam mit
deinen Blicken um.

AGATHIAS SCHOLASTIKOS, *Anthologia Graeca* 5.216

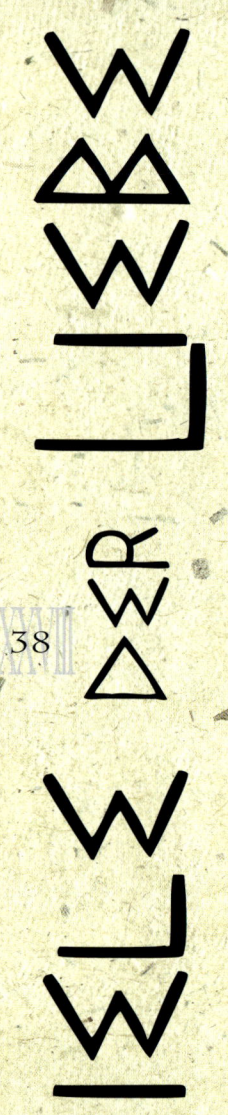

SPIEL DER LIEBE

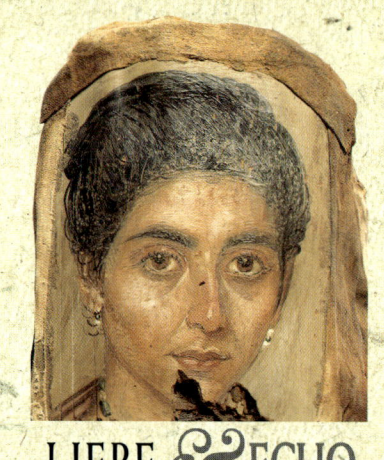

LIEBE & ECHO

38

Liebe Echo, gewähre mir etwas.
~ WAS?

Ich liebe ein Mädchen, ohne dass sie liebt.
~ SIE LIEBT

Ob mir der Zufall sie zu sehn vergönnt?
~ ER GÖNNT!

Ihr ist mein Herz. Sag ihr, wie schwer es sei.
~ ES SEI!

Und ein Geschenk verbürg es ihr. Gib du's!
~ GIB DU'S!

Was brauche ich sonst noch, Echo, zum Erfolg?
~ ERFOLG!

GAURADAS,
Anthologia Graeca 16.152
(Übersetzung von Hermann Beckby)

LASS

MICH MIT

DIR DIE

Jugend

GENIESSEN,

DENN

DU BIST

VOLLER

Liebreiz.

ANAKREON,
frg. 402

Geh mal zum Markt hinüber,
Demetrios,
kauf bei Amyntas
drei dieser bläulich
glänzenden Fische
und zehn von den grauen.
Und nimm auch Krebse,
die kleinen, krummen,
zwei Dutzend – er wird sie
dir vorzählen – und komm
gleich hierher zurück.
Bringe von Thauborios noch
sechs Kränze aus Rosen mit –
und wenn du gerade dort bist –
lade auch Tryphera mit ein.

ASKLEPIADES,
Anthologia Graeca 5.185

Lass mich
nur dich allein,
meine Liebliche,
nur deinen Körper
mit den Armen
umschlingen,
lass mich gefesselt sein
an deinen Körper,
dann mag mich
ein Fremder sehen,
ein Nachbar,
ein Wanderer,
oh Herrin meines Herzens,
auch ein Priester und –
meine Frau.

PAULOS SILENTARIOS,
Anthologia Graeca 5.286

OB SIE JA ODER NEIN
ZU DIR SAGEN –
sie genießen die Frage.

OVID, *Ars Amatoria* 1.345

Galla, sträube dich! Die Liebe wird schal,
wenn die Freuden nicht martern.
Aber, Galla, bedenke: Sträube dich auch nicht zu lang!

MARTIAL,
Epigramm 4.38

GALLA   NEGA

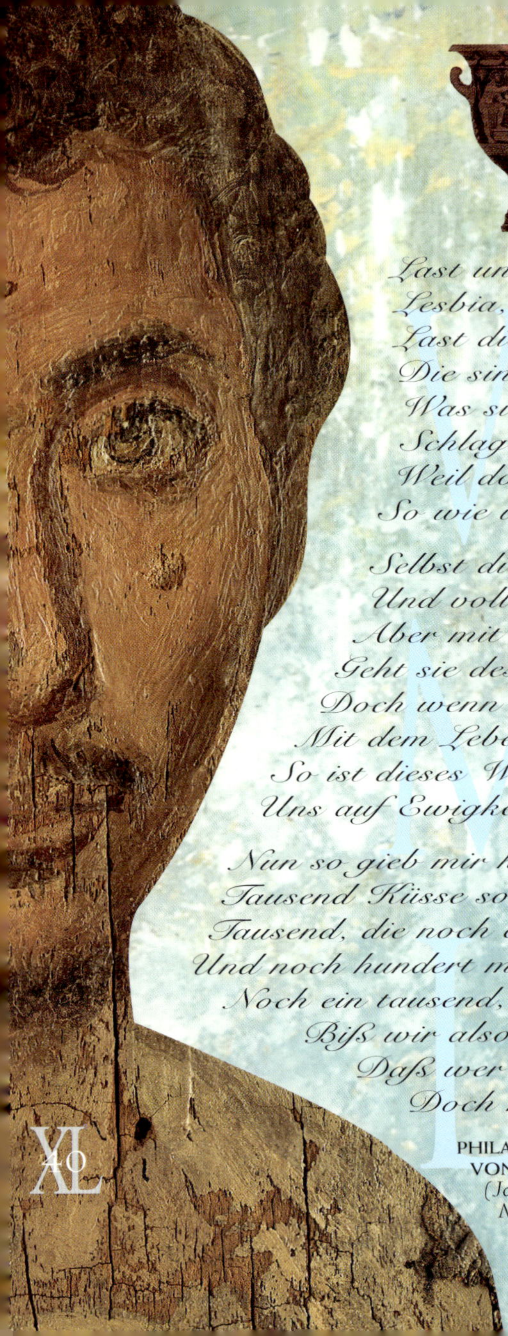

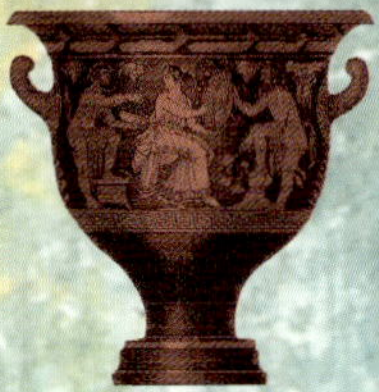

GRENZENLOS

CATULLS GEDICHT 5, DAS DURCH VI

VIVAMUS MEA LESBI

Last uns leben! last uns lieben!
Lesbia, mein ander ich:
Last die Alten sich betrüben,
Die sind nicht für mich und dich.
Was sie uns zur Schande dichten,
Schlagen wir leicht in den Wind,
Weil doch diese, die uns richten,
So wie wir gewesen sind.

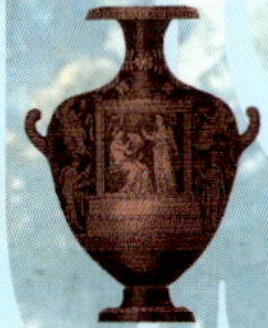

Selbst die Sonne wird verborgen,
Und vollendet ihren Lauf,
Aber mit dem andern Morgen
Geht sie desto heller auf.
Doch wenn endlich unsre Freude
Mit dem Leben ausgetagt,
So ist dieses Welt-Gebäude
Uns auf Ewigkeit versagt.

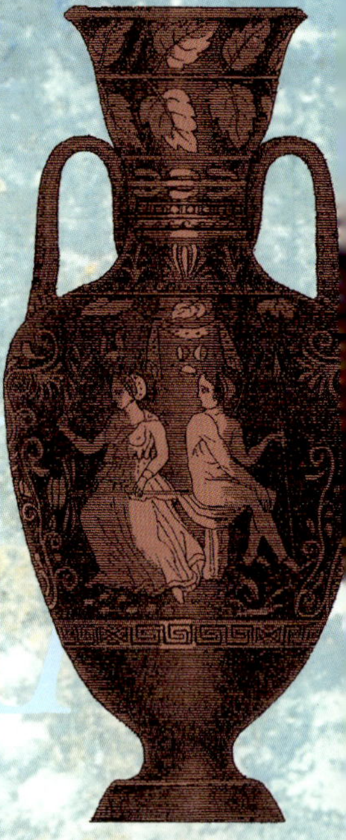

Nun so gieb mir hundert Küsse:
Tausend Küsse sonder Ziel:
Tausend, die noch eins so süsse,
Und noch hundert mal so viel:
Noch ein tausend, noch ein hundert,
Biß wir also dargethan,
Daß wer sich darum verwundert,
Doch nicht alle zehlen kan.

PHILANDER
VON DER LINDE
(*Johann Burkhard*
Mencke, 1705)

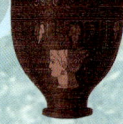

GLÜCKSELIGKEIT

RHUNDERTE GESCHÄTZT UND ÜBERSETZT WURDE

WIR WOLLEN, LESBIA,
gleich lieben vnd gleich leben,
Vnd, wann das alter murrt,
nicht so viel darauff geben,
Ja gar kein haar darnach auch fragen
was man hört.
Die Sonne, wann die nacht sich auß
der see empört,
Fährt schamroth vnterhin, vnd kömpt
doch morgen wieder.
Geht unser kurtzes liecht,
O elendt: ein mal nieder
Da schläfft man eine nacht
die jmmer wehren muss.
Drumb gibt mir tausendmal,
dann hundert einen kuss,
Noch tausendt wollest du,
drauff hundert, mir noch reichen.
Noch tausendt abermals,
ein hundert dann ingleichen.
Wann so viel tausendt sind
so mischen wir sie ein,
Dass niemand weiß wie hoch
die menge möge seyn,
Vnd dass kein böses maul
vns nicht beruffen müsse
Im fall es überschlegt
die grosse Zahl der küsse.

MARTIN OPITZ
(1639)

ATQUE AMEMUS

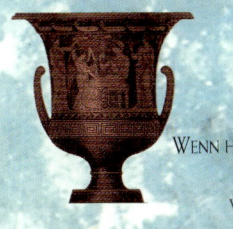

Lass, Lesbia, leben uns und lass uns lieben
und nicht auf abgelebte Weisheit hören;
nicht einen Heller wert sind alle ihre Lehren.

Wenn heut die Sonne sinkt, so kommt sie morgen wieder;
wenn aber unser Lebenslicht einmal verglommen,
wird eine lange Nacht uns ohne Morgen kommen.

Drum küsse mich, Geliebte, hundertmal und tausend
und wieder tausendmal und wieder hundert,
bis wir im Glück berauscht, betört, verwundert,

der Welt entrückt in süssem Küssetauschen ---
Und unser Glück wird keiner je ergründen,
kein Neider auf die Zahl der Küsse finden.

HERMANN STERNBACH
(1927)

Lass uns leben, meine Lesbia, und lass uns lieben,
auf all das philisterhafte Geschwätz der Alten
lass uns nicht einen Pfennig geben.
Sonnen gehen unter und wieder auf:
Uns, wenn einmal unser kurzes Licht vergeht,
bleibt nur der Schlaf einer endlosen Nacht.
Gib mir tausend Küsse und dann einhundert,
dann tausend andere und dann noch ein zweites hundert,
aufs neue noch tausend und wieder einhundert,
und wenn wir dann viel tausend getauscht haben,
lass uns die gesamte Anzahl vermischen,
dass wir sie selbst nicht mehr kennen
und sie uns kein böser Neider missgönnen könnte,
wenn er nur wüsste, wie viele es waren.

CATULL,
Gedicht 5

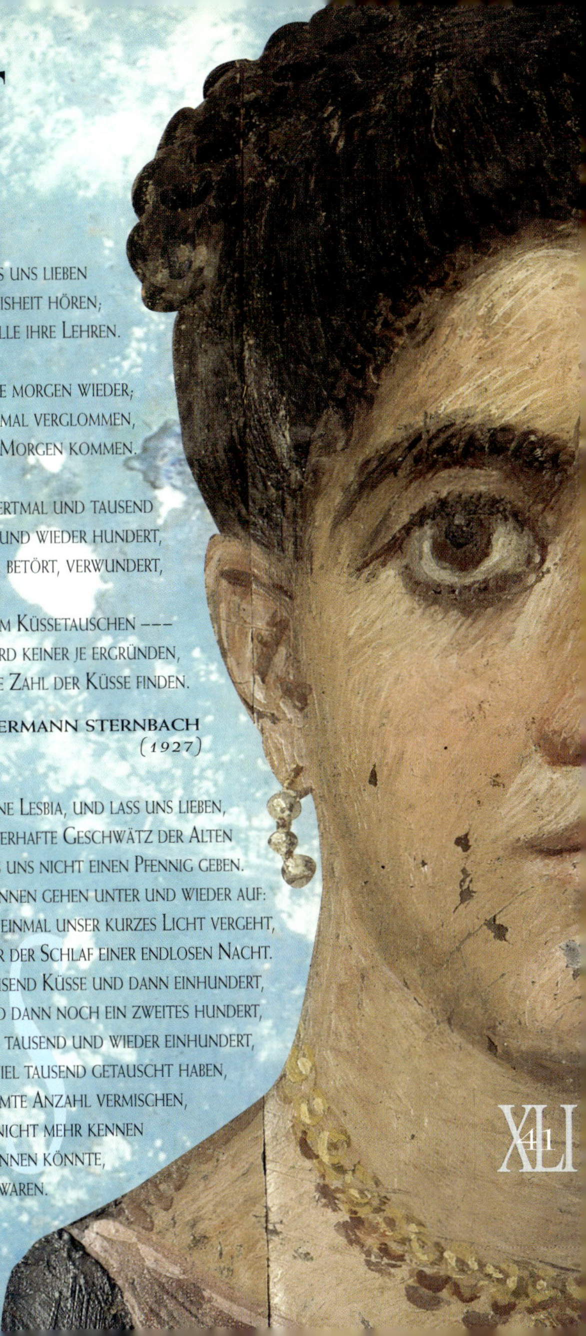

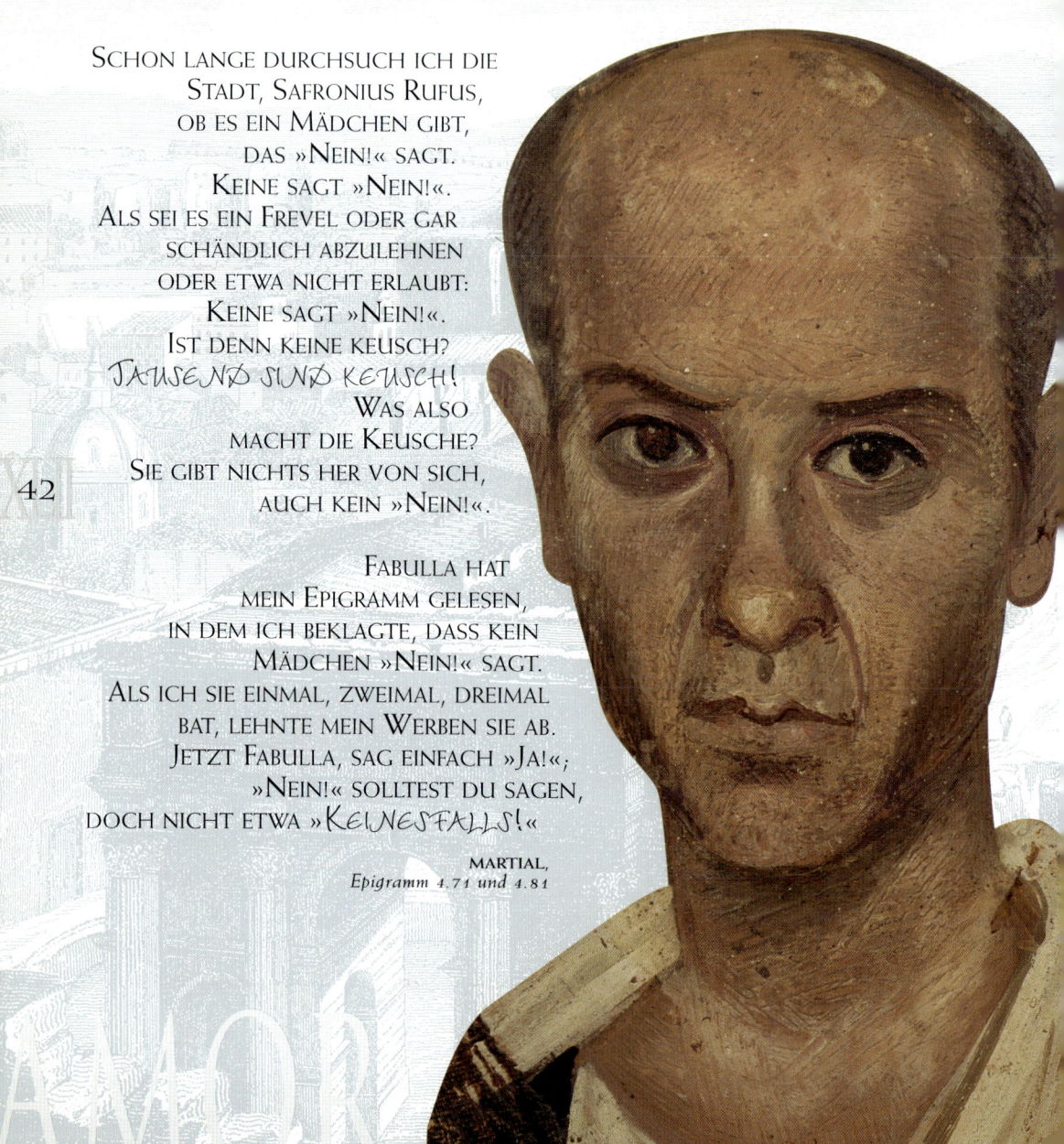

SCHON LANGE DURCHSUCH ICH DIE
STADT, SAFRONIUS RUFUS,
OB ES EIN MÄDCHEN GIBT,
DAS »NEIN!« SAGT.
KEINE SAGT »NEIN!«.
ALS SEI ES EIN FREVEL ODER GAR
SCHÄNDLICH ABZULEHNEN
ODER ETWA NICHT ERLAUBT:
KEINE SAGT »NEIN!«.
IST DENN KEINE KEUSCH?
TAUSEND SIND KEUSCH!
WAS ALSO
MACHT DIE KEUSCHE?
SIE GIBT NICHTS HER VON SICH,
AUCH KEIN »NEIN!«.

FABULLA HAT
MEIN EPIGRAMM GELESEN,
IN DEM ICH BEKLAGTE, DASS KEIN
MÄDCHEN »NEIN!« SAGT.
ALS ICH SIE EINMAL, ZWEIMAL, DREIMAL
BAT, LEHNTE MEIN WERBEN SIE AB.
JETZT FABULLA, SAG EINFACH »JA!«;
»NEIN!« SOLLTEST DU SAGEN,
DOCH NICHT ETWA »KEINESFALLS!«

MARTIAL,
Epigramm 4.71 und 4.81

42

HEISS WAR DER TAG,

gerade Mittag vorbei;
hingestreckt hatte ich die Glieder breit auf das Lager.
Wenig geöffnet einen Teil des Fensters,
der andere geschlossen,
ein Licht, fast wie es herrscht
im Halbdunkel des Waldes.
Wie die Dämmerung, die folgt
auf die schwindende Sonne,
oder wenn morgens die Nacht
weicht beim Anbruch des Tags.
Dies ist das richtige Licht für schamhafte Mädchen,
von dem sich die furchtsame Scheu erhofft
einen Schutz.
Sieh, Corinna erscheint!
Vom Kleid wie von Schleiern umhüllt,
offen verteilt sich das Haar
über den schimmernden Hals.
Ich wollte das Kleid ihr entziehen;
viel konnte es nicht verhüllen,
doch sie kämpfte noch um den Schutz, den es ihr bot,
sie kämpfte jedoch, als wolle sie gar nicht gewinnen,
schnell war sie besiegt durch eignen Verrat.
So steht sie vor mir, ohne jegliche Hülle,
am ganzen Körper kein Makel zu finden.
Was für Schultern, wie schön zu betrachten
und zu berühren die Arme!
Die Form der Brüste wie geschaffen für die fordernde Hand.
Und unter der straffen Brust wie flach der Bauch!
Die Hüfte, weich und voll, und jugendlich geformt der Schenkel!
Doch wozu die Aufzählung, nur Lobenswertes konnte ich sehn
und drückte den nackten Körper eng an den meinen.
Wer kennt nicht den Rest? Erschöpft ruhten wir beide.
ACH, SEIEN MIR DOCH NOCH VIELE SOLCHE MITTAGE BESCHIEDEN!

OVID,
Amores 1.5

43

DIE ROSE VOM VORTAG

Mit ihrem schmeichelnden Kosen konnte sie schwere Eichen bewegen,
harten Stahl erweichen und brachte taube Steine zum singen.

Dann war sie sicherlich fähig, einen, der Mann ist und lebt, zu bewege
Doch ich lebte wohl nicht oder war nicht, wie sonst, ein Mann.

Was hilfts, singt Odysseus' Sänger zu tauben Ohren oder
betrachtet ein Blinder ein gemaltes Bild?

Ja in meiner Phantasie, da malte ich mir alle Freuden aus,
welche Stellungen erdachte ich nicht und plante sie ein.

Dennoch lag mein kleiner Freund darnieder wie tot,
ein trauriger Anblick, welker als die Rose vom Vortag.

OVID,
Amores 3.7

HESTERNA LANGUIDIORA ROS

SINNLICHKEIT

γλυκύπικρον
ὀμάχανον ὄρπετον

SCHON WIEDER
erschüttert mich der
gliederlösende Eros –
bittersüßes,
unbezwingbares Tier.

SAPPHO,
frg. 130

ICH GEHE IN DEN GARTEN DER
LIEBE. MEIN BUSEN IST ÜPPIG
GESCHMÜCKT MIT FRÜCHTEN
DES PFIRSICHBAUMES, MEIN HAAR
IST GETRÄNKT MIT ÖL.

HARRIS PAPYRUS,
19. Dynastie, Neues Reich, Ägypten
(Nach einer Übersetzung von Barbara Hughes
Fowler, 1994)

Iuventinus, dürfte ich deine Augen,
so honigsüß, immer wieder küssen,
würde ich sie wohl
dreihunderttausendmal küssen
und nie hätte ich das Gefühl, satt zu sein,
nicht einmal, wenn die Saat unserer Küsse
dann dichter stünde als
afrikanisches Korn.

CATULL,
Gedicht 48

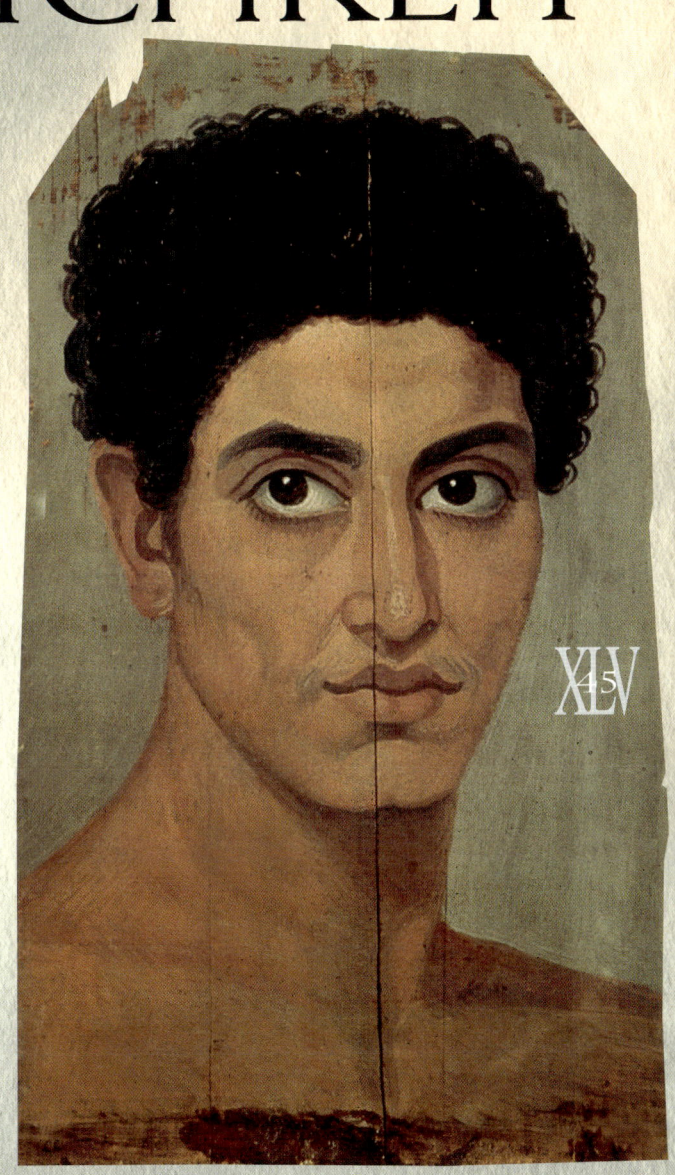

XLV
45

ZUVIEL IST

ACH DIESE FÜSSE, DIESE BEINE,

DIESE SCHENKEL,

für die ich sterben könnte,

ACH DIESER PO, DIESE HÜFTEN

UND DER KAMM DAZWISCHEN,

ACH DIESE BRUST,

DIESE SCHULTERN UND

DER SCHLANKE NACKEN,

ACH DIESE ARME, DIESE AUGEN,

die mich verrückt machen,

ACH DIESE VOLLENDETE

KUNST DER BEWEGUNG,

DIESE UNÜBERTROFFENEN ZUNGENKÜSSE,

DAS, WAS SIE SAGT –

Ach schlagt mich doch tot!

PHILODEMOS,
Anthologia Graeca, 5.132

ὦ κατατεχνοτάτου κινήματος

NICHT GENUG

DEM VERGNÜGEN

nur lebten sie

ÜBER DEN LANGEN WINTER,

die Herrscherpflichten

VERGESSEND, GEFANGEN

in schändlicher Lust.

VERGIL,
Aeneis 4.193f. (Dido und Aeneas)

ZERFLIESSEN SOLL

in üppigen Gelagen

DIE LANGE WINTERZEIT

dem schwelgerischen Paar,

VERGESSEN HIER, SEIN REICH

zu schirmen vor Gefahr,

DORT, NEUE KRONEN

zu erjagen.

FRIEDRICH SCHILLER
(um 1792)

NACHT
UND LIEBE
UND
WEIN
RATEN
NICHT ZU
KLUGER
BEHERR-
SCHUNG.

OVID,
Amores 1.6

Weib, geh aus dem Haus oder halt dich an meine Gewohnheit;
ich bin doch keiner der puritanischen alten Römer.
Mir macht es Spaß, die Nacht beim Wein zu verlängern:
Du trinkst Wasser und stehst eilends mit trüber Miene auf.
Du hast die Dunkelheit gern:
Ich habe beim Liebesspiel gern einen Zeugen –
den Schein einer Lampe oder den anbrechenden Tag.
Unterwäsche, Kleider und dunkle Mäntel verhüllen dich,
aber für mich ist keine nackt genug, die neben mir liegt.
Küsse wie schnäbelnde Tauben fangen mich ein:
Du gibst mir welche wie meine Großmutter am Morgen.
Du hast keine Lust zur Bewegung beim Akt und
hilfst weder mit Worten noch Fingern,
verhälst dich, als bereitest du zum Opfer
Weihrauch und Wein.

MARTIAL, *Epigramm 11.104*

APHRODITE
MAG SICH OFT
ALS BOSHAFT
ERWEISEN,
DOCH EINEN
SCHÖNEN ZUG
BESITZT SIE:
SIE HASST DIE,
DIE SICH
HOCHMÜTIG
ZIEREN.

AGATHIAS
SCHOLASTIKOS,
*Anthologia Graeca
5.280*

Europas Kuss

IST SÜSS, AUCH WENN ER NUR DIE LIPPEN ERREICHT,
NUR LEISE DEN MUND BERÜHRT. ABER SIE BERÜHRT
NICHT NUR LEISE DEN MUND,
SIE PRESST SICH FEST AUF IHN UND ZIEHT MIR DIE
SEELE NOCH AUS DEN FINGERSPITZEN.

RUFINUS,
Anthologia Graeca, 5.14

Es würde dir einfacher fallen, Lykinos, die Wellen des
Meeres und die Flocken im Schneesturm zu zählen als
die Zahl meiner Liebschaften … Jeder Liebe folgte
noch immer eine andere und kurz vor dem Ende der
einen beginnt schon die nächste … Ein Feuer wird
nun mal nicht durch ein anderes gelöscht. In meinem
Auge tummelt sich ein wendiges Tierchen, das sich
auf jede Schönheit stürzt, als wärs seine Beute, und es
gibt nie sich zufrieden. Ich frage mich stets, warum
Aphrodite solchen Groll gegen mich hegt.

PSEUDO-LUKIAN,
Erotes

PROPERZ,
Elegie 1.19

LIEBE, SO LANGE SIE WÄHRT, WÄHRT NIE LANGE GENUG.

ò μεταξύ

Nichts soll zwischen uns stehen. Sogar das dünne Kleidchen, das du trägst, fühl ich, als seien es die Mauern von Babylon.

PAULOS SILENTARIOS,
Anthologia Graeca, 5.252

ACH WÄRE ICH DOCH, WENN
AUCH NUR FÜR EINEN MONAT,
DER WÄSCHER MEINER
SCHWESTER LINNENEN TÜCHER!

ICH ZÖGE KRAFT ALLEIN AUS
DER BERÜHRUNG DER KLEIDER,
DIE DEN KÖRPER MEINER
GELIEBTEN UMSPIELEN.

DENN ICH WÄRE DERJENIGE,
DER DAS DUFTENDE ÖL AUS
IHREM SCHAL WASCHEN WÜRDE.
MEINEN KÖRPER RIEB' ICH AB
MIT DEN KLEIDERN, DIE SIE
ABLEGTE UND DIE SIE ...

WELCHE WONNE WÜRDE ICH
SPÜREN, WELCH HÖCHSTES
VERGNÜGEN!

ÜBERSCHÄUMEN VOR KRAFT
WÜRDE MEIN KÖRPER!

*Eines der Liebesgedichte auf den Fragmenten einer Kairoer Vase
aus der 19. oder 20. Dynastie, Neues Reich, Ägypten.
(Nach einer Übersetzung von Barbara Hughes Fowler, 1994)*

NOVEM CONTINUAS FUTUTIONES

Ich bitte dich, meine süße Ipsitilla,
mein Schätzchen, mein Entzücken,
bestell mich zu dir zum Mittagsschl
Bitte sorge dafür, wenn es dir recht ist
dass niemand deine Tür verriegelt,
dass du selbst nicht
lieber ausgehen magst,
sondern zu Hause bleibst,
bereit, um es gleich
neunmal nacheinander
mit mir zu treiben.
Also, wenn du dies im Sinn hast,
lass mich gleich kommen:
Denn ich liege auf dem Rücken,
vollgegessen und satt,
und durchstoße schon
Tunika und Mantel.

CATULL, *Gedicht 32*

DAPHNIS:
Sogar in nichtigem Küssen liegt süßes Vergnüg

AKROTIME:
Aber ich wisch meinen Mund ab
und spei deinen Kuss aus.

DAPHNIS:
Wie, du wischst deine Lippen?
Nur her, dass ich sie nochmals küsse.

THEOKRITOS,
Idyll 27 (Liebesgeflüster)

MEINEN FEINDEN SEI EIN

MEIN SÜSSES SCHÄTZCHEN

WENN DU DIE STELLEN
gefunden hast,
an denen die Frau
gern berührt wird,
dann stehe dir die Scham
nicht im Weg,
sie auch dort zu berühren.
Du wirst sehen, wie ihre Augen
in zitterndem Funkeln glänzen,
so wie oft das Sonnenlicht auf
klarem Wasser reflektiert.
Klagende Laute kommen hinzu
und liebliches Murmeln,
süßes Stöhnen und Worte,
passend zum Spiel.
Aber du lass sie nicht mit
volleren Segeln hinter dir,
und auch sie eile deiner Fahrt
nicht voraus.
Eilet gemeinsam zum Ziel;
denn dann ist die Lust
vollkommen,
wenn Frau und Mann
gleichzeitig überwältigt
beieinander liegen.

OVID,
Ars Amatoria 2.719ff.

Lust, die aus Pflichterfüllung
geschenkt wird,
ist mir nicht willkommen;
die Pflicht soll kein Mädchen
bei mir je erfüllen.
Mit Freude höre ich Worte,
die ihr Vergnügen verraten;
dass ich warte und es verzögere,
bittet sie mich.
Sehen möchte ich meine Geliebte
von Sinnen und willenlos blickend.

OVID,
Ars Amatoria 2.687ff.

Setze entweder dem

Lieben ein Ende,

EROS,

oder füge das

GELIEBT-WERDEN

hinzu,

damit mein

Verlangen

erlischt

oder damit

es erwidert wird.

POLEMON
Anthologia Graeca, 5.68

OVID,
Amores 2.10

51

keusches Leben beschieden!

DER LIEBE

52

WIRD IHM DER EINTRITT VERWEIGERT, BEDECKT DER LIEBHABER OFT
UNTER TRÄNEN DIE SCHWELLE MIT BLUMEN UND
GIRLANDEN, SALBT DIE STOLZEN PFOSTEN MIT MAJORANÖL
UND PRESST SEINE KÜSSE AUF DIE TÜRFLÜGEL, DER BEDAUERNSWERTE.

LUKREZ,
De Rerum Natura 4,1177ff.

TÜR, du bist im Innersten noch GRAUSAMER als selbst deine Herrin,
warum schweigst du und hältst mir die harten Flügel verschlossen?
Warum öffnest du nicht deine Riegel und lässt meine Liebe hinein,
unfähig, dich zu bewegen, um meine heimlichen Bitten weiterzureichen?
Wird meinem Schmerz denn kein Ende gewährt,
und muss ich schmachvoll auf der kühlen Schwelle schlafen?
Wie ich so daliege, bedauern mich die Stunden der Mitternacht,
die Sterne, die sich zum Untergang neigen,
und der frische Lufthauch der Morgenkühle.
Wenn doch nur ein kleines Wort von mir durch eine tiefe Ritze dringen
und in die Ohren meiner Herrin treffen würde, um dort zu ertönen! ...
Aber allein du und du am meisten bist schuld an meinem Schmerz,
niemals ließt du dich, grausame Tür, einnehmen von meinen Geschenken;
du allein hast dich niemals menschlicher Schmerzen erbarmt
und antwortest – stumm, mit schweigenden Angeln.

PROPERZ,
Elegie 1,16
Ein Beispiel des Paraklausithyron-Motivs, der Klage an und gegen die verschlossene Tür,
stellvertretend für die Klage an die abweisende Geliebte.

VERFALLEN

ἐλέου δ' οὐδ'　　　　ὄναρ ἠντίασας

Konopion, mögest du einmal so schlafen,
wie du mich zwingst, mich hier zur Ruhe zu betten,
auf der kalten Türschwelle.
Ungerechte, mögest du einmal so schlafen, wie du den Geliebten
hier zur Ruhe bettest – Mitleid ist im Traum dir noch fremd.
Nachbarn bemitleiden mich, aber du – nicht im Traum …
An all dies wird dich eines Tages
dein ergrauendes Haar noch erinnern!

KALLIMACHOS,
Anthologia Graeca, 5.23

MIT ERHOBENEN HÄNDEN

Gut, Cupido, ich bekenne, ich bin deine neue Beute;
mit erhobenen Händen besiegt, beuge ich mich
deinen Gesetzen.

OVID,
Amores 1.2

SCHAU HER,

NOCH

EINMAL

Sooft ich bei Tag,

dreister noch bei Nacht,

in den Schoß Kydillas eile,

EROS

ERKLIMME

weiß ich, dass mich mein Weg

HAT MIR

am Rande des Abgrunds entlang führt,

LIV
56

ICH

weiß ich, dass ich um meinen Kopf würfele.

DIE SINNE

Doch was hilft es mir weiter?

GESCHÜTTELT,

DEN

Verwegen ist Eros

SO WIE

und wenn es ihn treibt,

FELSEN

kennt auch er nicht mal

EIN STURM

im Traum das Wort Furcht.

VON

IN DIE EICHEN

PHILODEMOS,
Anthologia Graeca. 5.25

DES

LEUKAS

BERGWALDES

und stürze mich kopfüber in die grauen Wogen,
von Liebe berauscht.

FALLT.

ANAKREON, frg. 376.

SAPPHO,
frg. 47

ἐς πολιὸν κῦμα κολυμβῶ μεθύων ἔρωτι

– BESIEGT

Liebste Mutter,
ich kann heute
den Faden
nicht weben,
vor Sehnsucht
nach einem
Knaben,
überwältigt
von der schlanken
Aphrodite.

SAPPHO,
frg. 102

Er liebte –
nicht etwa mit
Äpfeln, Rosen
und Locken,
sondern in
richtigem
Wahn,
alles andere
hielt er für
nichtig.

THEOKRITOS,
Idyll 11 (Der Kyklop)

LV
55

DIE STIMME DER GANS KLINGT LAUTER,
WENN SIE AM KÖDER HÄNGT.
IN EINER SCHLINGE FÄNGT MICH DEINE LIEBE,
ICH KANN NICHT VON IHR LASSEN.
ICH NEHME MEIN NETZ MIT NACH HAUS, DOCH WAS
ERZÄHL ICH MEINER MUTTER – ZU WEM ICH JEDEN TAG
ZURÜCKKEHRE BELADEN MIT LIEBLICHEN VÖGELN?
HEUT LEG ICH KEINE FALLEN AUS,
GEFANGENER DER LIEBE, DER ICH SELBST BIN.

HARRIS PAPYRUS,
19. Dynastie, Neues Reich, Ägypten
(Nach einer Übersetzung von Barbara Hughes Fowler, 1994)

PALLEAT
OMNIS
AMANS
HIC
EST
COLOR
APTUS
AMANTI

LVI
56

BLEICH

SEI JEDER,

DER LIEBT:

FÜR DEN

LIEBENDEN

PASST

DIESE

FARBE.

VID,
rs Amatoria 1.729

Selbst in der Liebe

NARRT VENUS MIT BILDERN DIE LIEBENDEN. WEDER ERLANGEN SIE BEFRIEDIGUNG DURCH DAS ANSCHAUEN DER KÖRPER DIREKT VOR IHNEN, NOCH VERMÖGEN SIE MIT DEN HÄNDEN ETWAS VON DEN WEICHEN GLIEDERN ABZUKRATZEN, WENN DIESE UNSTET AM GANZEN KÖRPER ENTLANG WANDERN. WENN SIE DANN MIT VEREINIGTEN GLIEDERN DIE BLÜTE DES LEBENS GENIESSEN, DER KÖRPER EINEN VORGESCHMACK KOMMENDER FREUDE EMPFINDET …, PRESSEN SIE GIERIG DIE KÖRPER ANEINANDER UND MISCHEN DEN SPEICHEL IHRER MÜNDER; SIE ATMEN TIEF UND DRÜCKEN DIE ZÄHNE GEGEN DEN MUND – ALL DIES VERGEBLICH, DENN VON DORT KÖNNEN SIE NICHTS ABSCHABEN, NOCH GELINGT ES IHNEN, EINZUDRINGEN UND EINEN KÖRPER GÄNZLICH MIT DEM ANDEREN ZU VERSCHMELZEN. DENN DIES SCHEINEN SIE BISWEILEN ZU ERSTREBEN,

DARUM SCHEINEN SIE ZU KÄMPFEN.

LUKREZ,
De Rerum Natura, 4.1104ff.

Halb
hat
sie
sich
der
Liebe,
halb
der
Keuschheit
ergeben.
Ich
stehe
zwischen
den
beiden
und
schmachte
dahin.

PAULOS SILENTARIUS,
Anthologia Graeca 5.272

57

Krank vor Liebe

MELISSA LEUGNET, DASS SIE VERLIEBT IST,
doch ihr Körper schreit,
als hätte ein ganzer Köcher
voll Pfeile sie getroffen.
Unsicher ist ihr Schritt,
unruhig fliegt ihr Atem,
tief liegen die Augen in ihren Höhlen,
von blauen Schatten gezeichnet.
Auf, Eroten, ihr Kinder
der schön bekränzten Kytherea,
entflammt das rebellische Mädchen,
bis sie weinend zugibt:
»ICH BRENNE.«

Φλέγομαι
RUFINUS,
Anthologia Graeca, 5.87

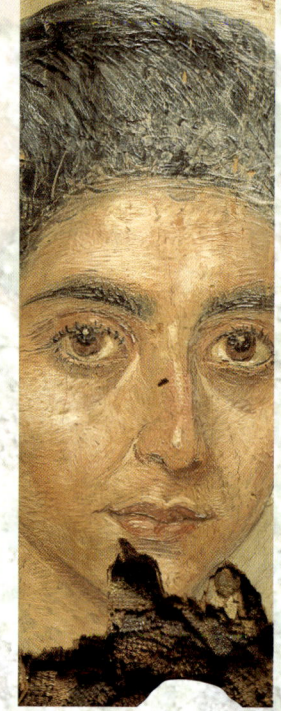

Wenn auch Melissias leugnet,
verliebt sich zu fühlen,
ihr Körper stöhnt,
als wären in ihn
Pfeile um Pfeile gesaust.
Unsicher tastet ihr Wort,
und unstet flattert ihr Atem,
hohl und blau um das Aug
zeichneten Ränder sich ein ...
Auf, Eroten, ihr Kinder
der herrlich bekränzten Kythere,
setzt die Rebellin in Glut,
bis sie uns zugibt:
»Es brennt!«

HERMANN BECKBY

58

WIE SOLL ICH ES NENNEN, WENN MEINE MATRATZE MIR HART VORKOMMT
UND MEINE DECKEN NICHT AUF DEM BETT LIEGEN BLEIBEN,
ICH DIE GANZE LANGE NACHT SCHLAFLOS ZUBRINGE UND
MEINE MÜDEN KNOCHEN IN MEINEM HIN- UND HERGEWORFENEN KÖRPER SCHMERZEN?
ICH GLAUBE, ICH WÜRDE ES FÜHLEN, WENN ICH VON LIEBE BEFALLEN WÄRE.
ODER SCHLEICHT SIE SICH ETWA HERAN UND STIFTET UNHEIL,
BEWANDERT IM HEIMLICHEN VORGEHEN?
SO WIRD ES SEIN: DIE ZARTEN PFEILE STECKEN IN MEINEM HERZEN UND DER WILDE AMOR
DREHT UND WENDET SICH IN MEINER BRUST, VON IHM EROBERT. SOLL ICH NACHGEBEN ODER SOLL ICH
DAS FEUER DURCH WIDERSTAND NOCH ANHEIZEN?
LASS MICH NACHGEBEN!

OVID, *Amores 1.2*

OFT VERSUCHTE ICH, MEINEN
KUMMER MIT WEIN ZU VERTREIBEN:
ABER DER SCHMERZ WANDELTE
JEGLICHEN WEIN ZU TRÄNEN.
OFT HIELT ICH EINE ANDERE
IM ARM, DOCH ALS ICH MICH
SCHON DER HÖCHSTEN LUST
NÄHERTE, ERINNERTE VENUS MICH
AN DIE GELIEBTE UND
LIESS MICH IM STICH.
DA SAGTE DAS MÄDCHEN,
ALS SIE MICH VERLIESS,
ICH SEI BEHEXT, UND ERZÄHLTE,
WELCH SCHANDE, MEINE LIEBSTE
KENNE SICH AUS
IN FREVELHAFTEN KÜNSTEN.
ABER DIES BEWIRKT SIE NICHT
DURCH ZAUBERSPRÜCHE:
MEINE LIEBSTE BETÖRT MICH
DURCH IHR GESICHT,
DURCH IHRE ZARTEN ARME
UND IHR BLONDES HAAR

TIBULL,
Gedicht 1.5

59

Ich will zu Hause mich hinlegen
 und so tun, als sei ich krank;
dann kommen meine Nachbarn,
 um nach mir zu sehen.
Sie wird mit ihnen kommen
 und alle Ärzte beschämen:
Denn sie wird verstehen,
 dass ich an Liebe leide.

HARRIS PAPYRUS, *19. Dynastie, Neues Reich,*
Ägypten, (Nach einer Übersetzung von Barbara
Hughes Fowler, 1994)

Nicht weit vom

Das Fragment 31 von Sappho in Übersetzungen aus verschiedenen Jahrhunderten

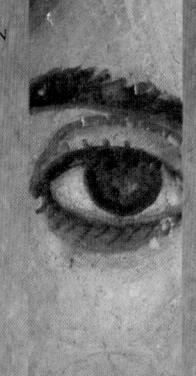

... O süsses Lächeln, das mir Herz entnommen
und Sinn, ich sah dich! sah dich
Ach, was sprech ich:
es war mir Sinn und Klang
mir alles entflohen.

Und die Zunge die schwebte stumm!
ein heftig Feuer rieselt hinab
durch mein Gebein mir!
Nacht vor Augen! wie dunkler ferner Ton
im schwindenden Ohre.

Kalt floss Schweiss die Glieder hinab!
mir bebten alle Glieder!
wie zartes Gräslein bebte
blass die Lippe! der Othem hin!
wie schien ich nahe dem Tode –

JOHANN GOTTFRIED HERDER (1774)

Dies, wahrhaftig, erfüllt mir das Herz im Busen
Tief mit Schrecken. Denn schau ich zu dir hin,
Flüchtig nur, versagt mir die Stimme,
Und wie zerbrochen

Ist die Zunge; es rieselt plötzlich
Unter der Haut ein zartes Feuer,
Trübe wird mir das Auge, ein Dröhnen
Saust in den Ohren,

Kalter Schweiß bedeckt mich, ein Zittern
Fasst mich ganz, bin fahler als dürre Gräser,
Und ich komme mir vor, wie
Nahe dem Tode.

HORST RÜDIGER (UM 1936)

Doch mir schrickt im Busen das Herz zusammen,
Wenn du nahst, beklommen versagt die Stimme
Jeglichen Laut mir.

Ach, der wortlos Starrenden rinnt urplötzlich
Durch die Glieder fliegende Glut; verworren
Flirrt es mir vor Augen; und dumpf betäubend
Klingt es im Ohr mir.

EMANUEL GEIBEL (1875)

TOD ENTFERNT

τεθνάκην δ' ὀλίγω 'πιδεύης φαίνομ' ἔμ' αὔτᾳ

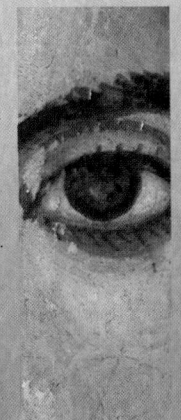

...DIESS WÜHLT MIR DAS HERZE IM INNERN GRUND AUF.
AUGENBLICKLICH, WENN ICH MEIN LICHT, DICH SEHE,
TRITT MIR SPRACH UND REDE VOM SCHLUNDE ZURÜCKE.
DIE ZUNG ERSTIRBT MIR;
SCHARFE FLAMMEN RINNEN DURCH MEIN GEBEIN DURCH;
FINSTERNISSE DECKEN MEIN AUGENLICHTER;
UND DER OHREN DROMMELN ERKLINGEN VON SELBSTEN.
EISKALTER ANGSTSCHWEISS FLIESET AUS MIR;
ZITTERN ERGREIFT MICH; BLAESSER WERD ICH,
ALS VERWELKTES WEINLAUB, UND SCHEINE,
WEIL KEIN PULS MEHR HUEPFET, DER PARCE VERFALLEN.

JOHANN NIKOLAUS GÖTZ (UM 1760)

Wenn ich dich erblicke,
geschiehts mit einmal,
dass ich verstumme. Denn
bewegungslos liegt die Zunge,
feines Feuer läuft im Nu unter
meiner Haut,
mit den Augen sehe ich nichts,
ein Dröhnen braust in den Ohren,
und der Schweiß bricht aus;
mich befällt ein Zittern aller Glieder,
bleicher als dürre Gräser bin ich,
dem Tod kaum mehr ferne
schein ich mir selber.

SAPPHO,
frg. 31

LXI

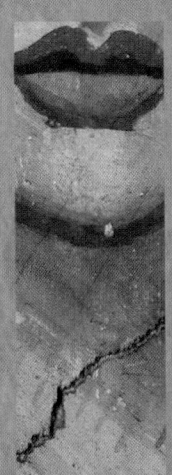

...Ha, mir hat's das Herz in der Brust erschrecket!
denn so bald ich dich nur erblickte:
kam auch nichts mir von Laut mehr,
sondern war gebrochen die Zung, ein feines
Feuer unterlief mir die Haut urplötzlich;
vor den Augen wird es mir dunkel;
und mir braust's in den Ohren;
kalte Schweiße rinnen herab auf einmal;
ganz ergreift ein Zittern mich; blasser bin ich
wie Heu, und als stürb ich in wenig,
bleibet mir aus der Athem.
Alles muss gewagt seyn --

WILHELM HEINSE (1775)

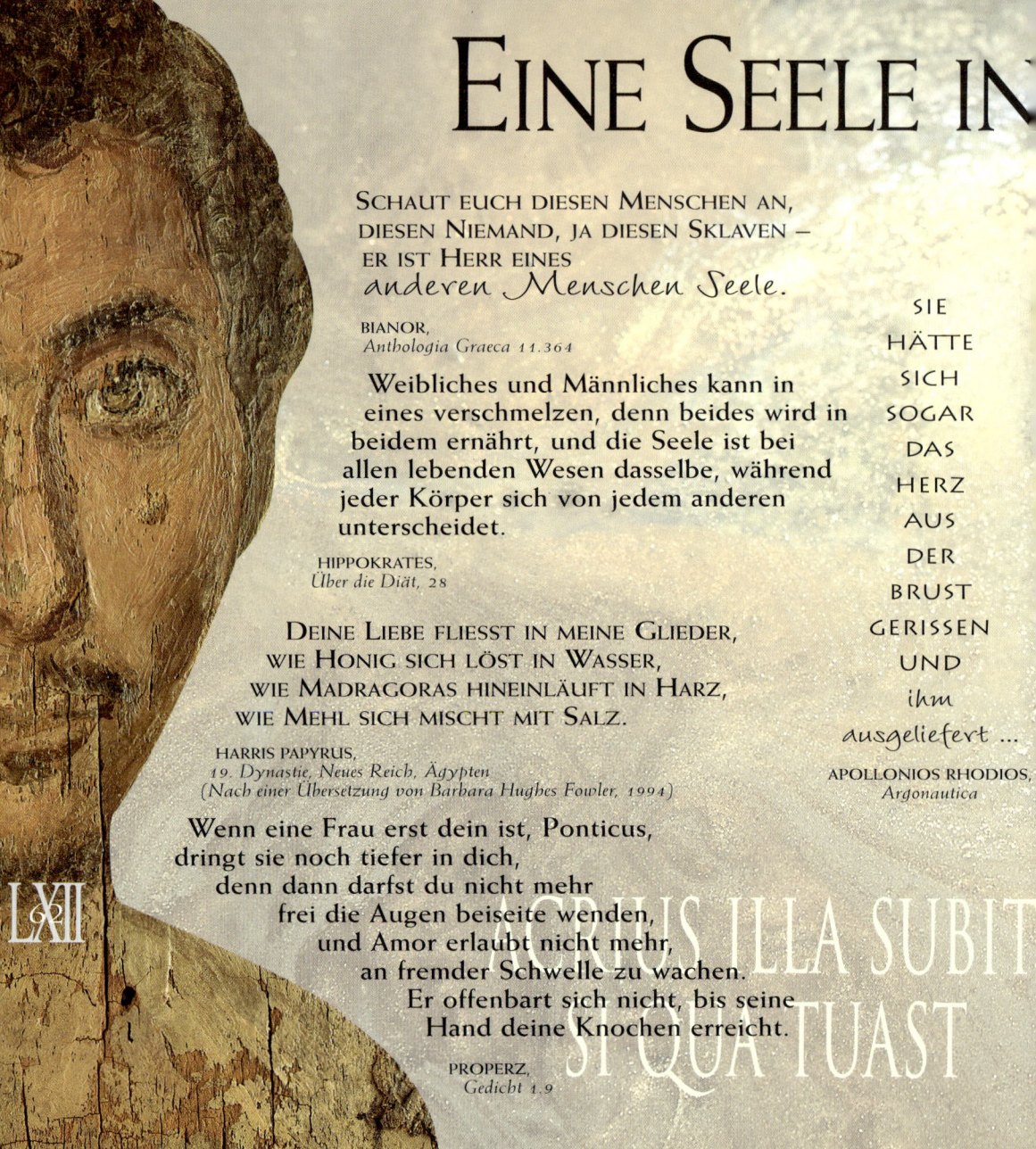

SCHAUT EUCH DIESEN MENSCHEN AN,
DIESEN NIEMAND, JA DIESEN SKLAVEN –
ER IST HERR EINES
anderen Menschen Seele.

BIANOR,
Anthologia Graeca 11.364

Weibliches und Männliches kann in
eines verschmelzen, denn beides wird in
beidem ernährt, und die Seele ist bei
allen lebenden Wesen dasselbe, während
jeder Körper sich von jedem anderen
unterscheidet.

HIPPOKRATES,
Über die Diät, 28

DEINE LIEBE FLIESST IN MEINE GLIEDER,
WIE HONIG SICH LÖST IN WASSER,
WIE MADRAGORAS HINEINLÄUFT IN HARZ,
WIE MEHL SICH MISCHT MIT SALZ.

HARRIS PAPYRUS,
19. Dynastie, Neues Reich, Ägypten
(Nach einer Übersetzung von Barbara Hughes Fowler, 1994)

Wenn eine Frau erst dein ist, Ponticus,
dringt sie noch tiefer in dich,
denn dann darfst du nicht mehr
frei die Augen beiseite wenden,
und Amor erlaubt nicht mehr,
an fremder Schwelle zu wachen.
Er offenbart sich nicht, bis seine
Hand deine Knochen erreicht.

PROPERZ,
Gedicht 1.9

SIE
HÄTTE
SICH
SOGAR
DAS
HERZ
AUS
DER
BRUST
GERISSEN
UND
ihm
ausgeliefert …

APOLLONIOS RHODIOS,
Argonautica

ACRIUS ILLA SUBIT, SI QUA TUAST

LXII

ZWEI KÖRPERN

Meine Seele spürte ich auf meinen
Lippen, als ich Agathon küsste;
die Unglückliche kam heraus, als
wollte sie übergehen in ihn.

PLATON,
Anthologia Graeca 5.78

WACH AUF, ADONIS, NUR EINMAL NOCH
KÜSSE MICH, KÜSSE SO KURZ MICH,
WIE DEINES KUSSES LEBEN WÄHRT,
NUR DASS DER HAUCH DEINER SEELE
MIR IN DEN MUND, MIR IN DAS HERZ
ÜBERSTRÖME, DIE WOLLUST
DEINES WESENS ICH TRINKEN MAG,
SATT MICH SAUGEN AN LIEBE.

τοσσου
φιλησον
ζωη το φιλημα

BION, *Gedicht 1 (Klage um Adonis)*
(Übersetzung von Ulrich von
Wilamowitz-Moellendorff, 1900)
Aus einer Rede Aphrodites, gehalten,
als sie trauernd vor der Leiche des Adonis kniet,
ihrem schönen jungen Geliebten.
Adonis wurde von einem wilden Eber getötet,
und nach der Legende entsprang die rote Rose
aus seinem Blut.

MIT HOHLER HAND
FORDERT SIE
UNABLÄSSIG IHREN
PREIS.

TIBULL,
Gedicht 2,4

Zu Recht fordere ich:
Das Mädchen,
deren Beute
ich kürzlich wurde,
soll entweder mich lieben
oder mir einen Grund
geben, warum ich sie
ewig lieben werde.

OVID,
Amores 1.3

LXV

DU ALLEIN BEDEUTEST MIR HEIM, DU, CYNTHIA,
ALLEIN MIR DIE ELTERN, ALLE STUNDEN UNSERES GLÜCKES BIST DU.
OB ICH TRAURIG BIN ODER FRÖHLICH, WENN MEINE FREUNDE ICH TREFFE
IN WELCHER STIMMUNG ICH AUCH BIN, WERDE ICH SAGEN:
»CYNTHIA IST DER GRUND.«

PROPERZ,
Elegie 1.11

Schau, da ist Diokleia, die dünne,
wie Aphrodite, nur mit weniger Fleisch,
doch sie hat ein gutes Wesen.
Viel ist es nicht, was zwischen uns steht,
denn fall ich an ihre magere Brust,
liege ich ihr näher am Herzen.

MARCUS ARGENTARIOS,
Anthologia Graeca 5.102

EIN STRAND WIRD UNS ZUR RUHE

DIENEN UND ALS DACH EIN BAUM,

AUS EINER QUELLE WERDEN WIR

IMMER WIEDER TRINKEN,

UND EINE EINZELNE PLANKE WIRD

ALS LAGER ZWEI LIEBENDE

VEREINEN.

UNA
UNA
UNA
UNA

PROPERZ,
Gedicht 2.26

Leichter löst du zwei Reben,
die jahrelang verwachsen
fest umeineinander gedreht sind,
aus ihrer Verflechtung
als dieses sich küssende Paar,
das seine biegsamen Glieder
ringsum verschlungen hält
in enger Umarmung.

PAULOS SILENTARIOS,
Anthologia Graeca 5.255

TU MIHI SOLA DOMUS, TU, CYNTHIA, SOLA PARENT

DIE SCHÜTZENDEN
Waffen der Liebe

Mein Herz ist ein Teil von dir,

Seinen Willen erfüll ich

in deinen Armen.

Mein Gebet ist

die Farbe meiner Augen,

dein Anblick bringt den Glanz

in meine Augen ...

HARRIS PAPYRUS,
19. Dynastie, Neues Reich, Ägypten
(Nach einer Übersetzung von Barbara Hughes
Fowler, 1994)

DU KAMST, ICH HARRTE IN
SEHNSUCHT,
DU KÜHLST NUN MEIN HERZ,
BRENNEND VOR LIEBE.

SAPPHO,
frg. 48

WER

STARK

IST IM

Geben,

IST

AUCH

STARK

IM

Lieben.

PROPERZ,
Gedicht 2.26

65

WER VON LIEBE GELENKT WIRD, DARF SICHER UND

UNANTASTBAR GEHEN, WOHIN ER WILL –

ER BRAUCHT KEINEN HINTERHALT ZU FÜRCHTEN.

DIE LÄHMENDE KÄLTE DES WINTERS SCHADET MIR NICHT,

NICHT DER REGEN, DER IN FLUTEN HERABSTÜRZT.

NICHT ERSCHÖPFT MICH DIESE STRAPAZE, ENTRIEGELT NUR DELIA DIE PFORTE

UND RUFT MICH WORTLOS – MIT EINEM SCHNIPPEN DER FINGER.

TIBULL, Gedicht 1.2

LESBIAS

WEINT,

ihr Grazien und
ihr Amoretten,
Und was Artiges
auf der Welt lebt!
meines Mädchens Sperling ist todt,
des Mädchens Liebling,
Der ihr lieb, wie der Apfel in den Augen,
Und so freundlich, so klug war,
und sie kannte,
Wie ein Töchterchen seine Mutter kennet;
Er entfernte sich nie von ihrem Schoose,
Sondern hüpfte nur hin und wieder, piepte,
Seiner Herrin das Köpfchen zugewendet. –

EDUARD MÖRIKE (UM 1840)

LIEBESGÖTTINNEN,
LIEBESGÖTTER KLAGET,

UND WAS IRGEND VON FEINEN LEUTEN LEBET,
TODT IST MEINES GELIEBTEN MÄDCHENS SPATZLEIN,
ACH DAS SPATZLEIN, DIE WONNE MEINES MÄDCHENS,
DAS SIE MEHR WIE DIE AUGEN SELBER LIEBTE,
DENN SO WONNIGLICH WAR, UND ES KANNTE
SIE SO GUT, WIE DAS MÄDCHEN SEINE MUTTER,
NICHT ENTFERNT ES SICH UIE VON IHREM SCHOOSE,
NEIN DORT HÜPFEND HERUM, BALD HIE BALD DAHIN
ZWITSCHERT' IMMER ES NUR UM SEINE HERRIN

KONRAD SCHWENCK (1829)

LUGETE, O VENERES CUPIDINESQUE

SPERLING

WEINT, IHR GRAZIEN
UND AMORETTEN,

Und ihr artigen
Menschen alle, weinet!
Der Sperling meines Mädchens
ist gestorben,
Sperling, süßes Vergnügen
meines Mädchens,
Den sie mehr als ihre Augen liebte:
Denn aus Honig war er,
und er kannte
Seine Herrin wie ein Mädchen
die Mutter,
Niemals rührte er sich
von ihrem Schoße,
Sondern hierher springend,
hierhin, dorthin,
Piepste er doch nur immer
für die Herrin.

MAX BROD (1914)

LXVII

67

PASSER

TRAUERT, OH
GÖTTINNEN UND
GÖTTER DER LIEBE

und die ganze Schar
eures Gefolges auf Erden!
Der Spatz meines Mädchens ist tot.
Der Spatz war ihr ganzes Entzücken,
den sie mehr liebte als ihre Augen.
Süß wie Honig war er und kannte seine
Herrin wie ein Kind seine Mutter,
wollte sich nie von ihrem Schoß trennen,
sondern hüpfte herum mal nach hier,
mal nach da und tschilpte
NUR FÜR SEINE HERRIN.

CATULL, GEDICHT 3

MORTUUS
EST MEAE PUELLAE,
PASSER, DELICIAE
MEAE PUELLAE

Liebe

ICH HASSE DEN LIEBESGOTT.

ALKAIOS,
Anthologia Graeca 5.10

Die Sehnsucht
nach
Liebe
beißt
dich
mit
süßem
Zahn.

WEDER
HONIG
NOCH
BIENE
BEGEHR
ICH ...

PSEUDO-LUKIAN,
Erotes

SAPPHO,
frg. 146

LXVIII

Reizender Diodor,
der sonst bei den Männern Flammen entfacht, er wurde
gefangen von den gierigen Augen des Timarion und trägt
nun selbst die bitter-süßen Pfeile der Liebe in sich.
Dies ist wahrlich ein seltsames Wunder:
Feuer verzehrt sich durch Feuer.

MELEAGER,
Anthologia Graeca 12.109

&LEID

EINST ÜBERSAH EROS EINE BIENE
DIE IN DEN ROSEN SCHLIEF, UND WURDE
GESTOCHEN. AM FINGER VERLETZT
HEULTE ER MIT ERHOBENER HAND
UND HALB LAUFEND, HALB
FLIEGEND KAM ER ZUR SCHÖNEN
APHRODITE: *»Ich wurde getötet,
Mutter«,* WEINTE ER, *»ich wurde getötet
und liege im Sterben.
Von einer kleinen geflügelten Schlange
wurde ich verletzt,
die Bauern nennen sie ›Biene‹«.*
SIE ANTWORTETE: *»Wenn dich der Stachel
der Biene schon schmerzt, Eros,
welche Schmerzen, meinst du,
fühlen die, die du stichst?«*

MELEAGER,
Anthologia Graeca 12.109

LXIX
69

Wenn ein Gott zu mir
sagte: »Lebe, doch ohne
Geliebte!«, würde ich,
Verständnis erbittend,
ablehnen: SO SCHLIMM
UND SO SÜSS
ist mein Mädchen.

OVID,
Amores 2.9

*Spröde
und nachgiebig,
anziehend und
abstoßend
bist du zugleich:
Mit dir
kann ich nicht leben
und ohne dich nicht.*

MARTIAL,
Epigramm 12.46

τι λεπτὸν ψυχῆς ἔσω χάραγμα

EINE TRÄNE STIEHLT SICH
HEIMLICH DIE WANGE HINAB

EINE TRÄNE
STIEHLT
SICH
HEIMLICH
DIE WANGE
HINAB UND
VERRÄT,
WIE ICH
TIEF IM
INNERN
VERZEHRT
WERDE VON
FEUER.

HORAZ,
Ode 1.13

Die Königin,
längst schon von
schweren Liebesqualen gepeinigt,
nährte im Innern den Schmerz,
verzehrt von heimlichen Flammen.

VERGIL,
Aeneis 4.1f (Dido und Aeneas)

SCHONE MICH. ICH BITTE DICH
IM NAMEN DES BÜNDNISSES,
GESCHLOSSEN IM HEIMLICHEN BETT,
IM NAMEN DER LIEBE UND DES HAUPTES,
DAS NEBEN MIR LAG.

TIBULL,
Gedicht 1.5

Amor

ist

hocherfreut,

wenn

er

bespritzt

wird

von

Tränen.

PROPERZ,
Gedicht 1.12

LXXI

Liebende erkenn ich,
sobald ich sie sehe:
Sie tragen ein kleines Mal
in ihre Seelen gebrannt.

ANAKREONTISCHE LIEDER,
Gedicht 27

VON SEHNSUCHT

ICH WERDE
ZERRISSEN,
BRENNEND VOR
WUT.

VERGIL,
Aeneis 4.376 (Dido und Aeneas)

Was nützt es,
den Himmel mit Gelübden
erfüllt zu haben,
NEAERA,
viele Gebete entsandt zu haben
begleitet von schmeichelndem
Weihrauch?

LYGDAMUS,
Gedicht 3.3

FLIEHE, WENN DU SIE SIEHST,
denn ein Sehnen wird dich erfassen!
    Sie fesselt die Augen der Männer,
zerstört ganze Städte,
    setzt Häuser in Brand:
Solcher Zauber wohnt in ihr.
    Ich weiß es und du weißt es
und alle, die es erlitten.

EURIPIDES,
Die Troerinnen 891
Aus einem Auftritt Hekubas, der Königin des eroberten Troja, die
vor der tödlichen Schönheit Helenas warnt, die den Anlass für den
zehnjährigen Krieg um die Stadt lieferte.

ὁρᾶν δὲ τήνδε φεῦγε, μή σ' ἕλῃ πόθῳ

ZERSTÖRT

SO HEFTIG WÜTET NICHT DER EBER
IN HÖCHSTEM ZORN,
WENN ER MIT BLITZENDEM MAUL
RASENDE HUNDE HERUMWIRBELT,
ODER DIE LÖWIN, WENN SIE MIT DEN ZITZEN
VOLL MILCH IHRE JUNGEN VERSORGT,
AUCH KURZE VIPERN NICHT,
VERLETZT VON EINEM AHNUNGSLOSEN FUSS,
WIE EINE FRAU, DIE DIE ANDERE,
MIT DER IHR MANN SCHLÄFT,
ERTAPPT HAT.

OVID,
Ars Amatoria 2.373ff.

73

Schieße mir, Eros, nicht immer den Pfeil
ins Herz und die Leber.
Musst du schon schießen auf mich,
triff doch ein anderes Glied.

MACEDONIUS,
Anthologia Graeca 5.224
Die Leber galt als Sitz der Leidenschaften, besonders von Liebe und Zorn.

KEHRE ZURÜCK IN MEINE BRUST, OH MEIN HERZ!

MELEAGER,
Anthologia Graeca 12.147

ODI

ICH HASSE UND LIEBE. WARUM ICH DAS TUN MUSS,
WIRST DU VIELLEICHT FRAGEN. ICH WEISS ES NICHT,
ABER ICH FÜHLE, DASS ES GESCHIEHT,
UND WERDE DAVON GEMARTERT.

CATULL, *Gedicht 85*

HASSEN MUSS ICH UND LIEBEN ZUGLEICH. WARUM? – –
WENN ICH'S WÜSSTE! ABER ICH FÜHL'S, UND DAS
HERZ MÖCHTE ZERREISSEN IN MIR.

EDUARD MÖRIKE (1840)

ACH, ICH HASSE UND LIEBE. DU FRAGST, WARUM ICH DAS TUE.
WEISS NICHT. ICH FÜHLE NUR:
ES GESCHIEHT UND TUT WEH.

MAX BROD (1914)

Es ringen und ziehen mein wankelmütiges Herz

Und wieder ist es so weit:
Ich bin verliebt UND BIN ES NICHT,
ich bin verrückt UND BIN ES NICHT.

ANAKREON, *frg. 428*

μαίνομαι

et amo

hierhin die Liebe und dorthin der Hass,
doch ich schätze,
die Liebe wird siegen.

OVID,
Amores 3.11

ES SCHWEIGT DAS MEER, ES SCHWEIGEN DIE LÜFTE,
ABER DIE QUAL IN MEINEM HERZEN SCHWEIGT NIE.

ANAKREON,
frg. 428

Die Hälfte meines Lebens halte ich in deiner Gestalt,
der restliche Teil ist verloren.
Wenn es dir gefällt, ist mein Tag der eines Gottes,
gefällt es dir nicht, ist alles in Finsternis.

THEOKRITOS,
Idyll 29 (Liebeslied an einen Knaben)

WENN ZU HASSEN
FÜR UNS PEIN BEDEUTET
UND LIEBEN PEIN IST,
DANN WÄHLE ICH
VON ZWEI ÜBELN
DIE ANGENEHMERE QUAL.

EUENOS,
Anthologia Graeca 12.172

LXXV

οὐ μαίνομαι

JEDER, DER LIEBT

EROS
SCHLUG MICH
MIT EINEM
HYAZINTHEN-
UMWOBENEN
STAB

ὑακινθίνῃ
ῥάβδῳ

UND TRIEB
MICH AN,
MIT IHM
ZU LAUFEN.

ANAKREONTISCHE
LIEDER,
Gedicht 31

UNTERBROCHEN,
OH VENUS,
WAREN LANGE
DIE KÄMPFE –
RÜCKST DU
NUN WIEDER
AUS?
ICH FLEHE
DICH AN,
VERSCHONE
MICH!

HORAZ,
Ode 1.1

HIERMIT VERKÜNDE ICH ES ÖFFENTLICH: GERADE EBEN AM FRÜHEN MORGEN
FLOG EROS, DER UNGESTÜME, HINWEG VON MEINEM BETT.
SÜSS WEINT ER, DER KNABE, IMMER SCHWATZT ER, FLINK IST ER UND SCHAMLOS,
SPÖTTISCH LACHT ER UND TRÄGT FLÜGEL UND KÖCHER UND PFEIL.
WER SEIN VATER IST, WEISS ICH NICHT RECHT; DENN WEDER HIMMEL
NOCH ERDE UND MEER WOLLEN DEN RACKER ALS SOHN.
DENN ER IST NIRGENDS BELIEBT, UND NIEMAND IST FREUND MIT IHM.
DOCH VORSICHT,
DASS ER NICHT HIER UND DA DEN SEELEN NETZE AUFSTELLT.
JA SCHAU – DA IST ER AN SEINEM NEST! MEINST DU, KLEINER SCHÜTZE, DASS
DU MIR ENTGEHST, WENN DU DICH VERSTECKST
IN DEN AUGEN VON ZENOPHILE?!

γλυκύδάκρυς
ἀείλαλος
ὠκυς
ἀθαμβής

MELEAGER,
Anthologia Graeca 5.177

FÜHRT KRIEG

Ich bin nicht für
Ruhm, nicht für
die Waffen
geschaffen,
Liebe ist der
Kriegsdienst,
den mir das
Schicksal
befiehlt.

PROPERZ,
1.6.29f.

Wer sich
dem Liebesgott
entgegenstellt,
als sei er
ein Boxer
im Kampf,
ist ein Narr.

SOPHOKLES,
Die Trachinerinnen 440f.

77

Oh nahe mir nie zum Leid, nie in feindlicher Absicht.
Denn weder das züngelnde Feuer noch der glühende Strahl der Sterne
brennt heißer als der Pfeil Aphrodites, abgeschossen aus deiner Hand,
Eros, Sohn des Zeus.

EURIPIDES,
Hippolytos 528
Aus einem Chorgesang über das zentrale Thema des Stückes, die tödliche Gefahr für jeden,
der die Macht der Aphrodite leugnet.

BRING WASSER, BRING WEIN,
JUNGE, BRING BLÜTENBESTÜCKTE GIRLANDEN,
BRING MIR ALL DIES FÜR MEINEN FAUSTKAMPF GEGEN DIE LIEBE.

ANAKREON
frg. 396

Strafende

PERFIDE! **TREULOSER!** Keine Göttin gebar und
kein Dárdanosnachkomme zeugte dich,
du stammst von den harten Felsen der wilden Kaukasusberge,
dich säugten hyrkanische Tiger.

VERGIL,
Aeneis 4.365ff. (Dido und Aeneas)

LXXVIII
78

EROS HAT IHN
GESCHÄRFT,
DEN NAGEL
HELIODORAS,
DENN DER KLEINSTE
KRATZER DRINGT
TIEF IN MEIN HERZ.

MELEAGER,
Anthologia Graeca 5.157

BLITZE SCHLEUDERTE SIE MIT DEN
AUGEN UND TOBTE, WIE NUR EINE
FRAU ES KANN:
EIN ANBLICK, NICHT WENIGER
SCHRECKLICH ALS DIE PLÜNDERUNG
EINER STADT.

PROPERZ,
Gedicht 4.8

AN SULPICIAS AUGEN ENTZÜNDET
SEIN FACKELPAAR SELBST DER
HITZIGE AMOR.

DER KRANZ DER SULPICIA, 3.8

Genossen habe ich den gestrigen Streit beim Schein der nächtlichen Lampen,
und wie du geflucht hast mit rasender Stimme.

PROPERZ,
Gedicht 3.8

Küsse

Lesbia spricht immer schlecht von
mir, doch schweigt sie nie über mich:
Ich will verdammt sein, wenn Lesbia
mich nicht noch liebt.
Welchen Beweis ich habe?
Weil es bei mir genauso ist:
Unermüdlich schmähe ich sie, doch
wenn ich sie nicht mehr liebe, dann
will ich wirklich verdammt sein.

CATULL,
Gedicht 92

Lesbia schmäht auf mich,
sie ereifert sich, findet das Ende
Nimmer: ich sterbe darauf,
Lesbia liebet mich noch.
Und der Beweis?
Mein Fall ist's eben:
ich muss sie verwünschen
Immer und sterbe darauf,
wahrlich! Ich liebe sie noch.

THEODOR HEYSE (1889)

Im Augenblick des Genusses fließt der Liebenden Glut in unstetem Irren,
zögernd, was sie zuerst mit Augen und Händen genießen sollen. Was sie fassen,
das drücken sie fest, fügen dem Körper Schmerzen zu, schlagen oft die Zähne
in die Lippen und pressen Küsse auf sie. Dies geschieht, weil das Vergnügen
nicht rein ist und im Verborgenen Stachel liegen, die reizen, das zu verletzen,
was auch immer es sei, von wo jene Keime der Tollheit aufsteigen.

LUKREZ,
Welt der Atome, 4, 1076

WAS AUCH IMMER DAS SCHICKSAL
HEUTE NACHT BEREITHÄLT:
LEUGNE MORGEN MIT FESTER STIMME,
DASS DU DICH HINGEGEBEN HAST.

OVID,
Amores 1.4

Könntest du doch nur für
meine Augen allein schön
sein.

DER KRANZ DER SULPICIA,
3.19

ICH LIEBE ALLES AN DIR,
NUR DEIN AUGE HASS ICH,
DAS SICH WAHLLOS
AN MÄNNERN ERFREUT,
DIE MIR ZUWIDER SIND.

RUFINOS DOMESTIKOS,
Anthologia Graeca 5.284

Lydia, wenn du des Telephos
rosigen Nacken,
des Telephos wachsweiß
schimmernde Arme preist – weh mir –,
kochend von giftiger Galle
schwillt mir die Leber!

HORAZ,
Ode 1.13
Die Leber galt als Sitz der Leidenschaften,
besonders von Liebe und Wut.

MICH ÄRGERT, WENN DEINE MUTTER DIR VIELE KÜSSE GIBT,
ODER AUCH DEINE SCHWESTER, ODER WENN EINE FREUNDIN BEI DIR SCHLÄFT:
ALLES ÄRGERT MICH, ICH BIN EBEN ÄNGSTLICH (VERZEIH MEINE ANGST)
UND IN MEINEM ELEND VERMUTE ICH IN JEDEM GEWAND – EINEN MANN.

PROPERZ,
Gedicht 2.6

Freunde, die ihr alles,

WAS DER WILLE DER GÖTTER VORSIEHT,

BEREIT SEID, MIT MIR ZU WAGEN:

BRINGT MEINER LIEBSTEN EINE NACHRICHT,

WENIGE WORTE NUR

UND DIESE NICHT FREUNDLICH:

SOLL SIE ES SICH DOCH GUT GEHEN LASSEN

MIT IHREN HAUSFREUNDEN,

VON DENEN SIE DREIHUNDERT

AUF EINMAL IM ARM HÄLT,

KEINEN WIRKLICH LIEBT,

ABER IMMER UND IMMER WIEDER DIE LETZTE KRAFT

AUS IHNEN HERAUSPRESST.

SIE SOLL SICH NICHT, WIE EINST, VON MIR LIEBE

ERHOFFEN,

DIE DURCH IHRE SCHULD IN MIR ERSTARB,

WIE AM WEGRAND DIE BLUME,

IM VORÜBERGEHEN GESTREIFT DURCH DEN PFLUG.

CATULL,
Gedicht 11

Was, dein Mann wird am selben Bankett teilnehmen wie wir?
Ich hoffe, es ist seine letzte Mahlzeit!
Heißt das, dass ich mein süßes Mädchen nur anschauen kann
wie jeder andere Gast? Hat ein anderer das Vergnügen deiner Berührung,
einem anderen wärmst du die Brust, wenn du eng bei ihm liegst?
Kann er seine Hand auf deinen Nacken legen, wann immer er will?
Ich wundere mich nicht länger, dass nach dem Genuss des Weins
die schöne Hippodameia die zwiegestaltigen Männer zu den Waffen trieb.
Weder lebe ich im Wald, noch bin ich halb Pferd, halb Mensch –
doch scheine ich kaum fähig, die Hände von dir zu lassen!

OVID,
Amores 1.4
Die Hochzeit der Hippodameia mit Perithoos, dem König der Lapithen, wurde von betrunkenen Kentauren
(mythische Gestalten mit menschlichem Oberkörper und Pferdeleib) gestört, die versuchten, die Braut und
die anderen Frauen zu entführen. Der nachfolgende Kampf ist ein beliebtes Sujet der antiken Kunst.

Ferne 8

Wenn ich an deine Liebe denke,
  steht mein Herz tief drinnen still.
Wenn ich süßes Gebäck sehe,
  schmeckt es für mich nach Salz.
Einst schmeckte der Granatapfelwein
  süß in meinem Mund,
nun scheint er mir bitter wie Vogelgalle.
  Allein der Duft deiner Nase
macht mein Herz wieder lebendig.

HARRIS PAPYRUS,
19. Dynastie, Neues Reich, Ägypten
(Nach einer Übersetzung von Barbara Hughes Fowler, 1994)
Die Nasen aneinander zu reiben und am Gesicht des Partners zu
riechen waren übliche Gesten körperlicher Vertrautheit.

NUN GLÄNZT SIE HERVOR UNTER LYDIENS FRAUEN,
WIE NACH SONNENUNTERGANG ROSENFINGRIG DER MOND
ALLER STERNE GLANZ ÜBERSTRAHLT.
SEIN LICHT BREITET ER ÜBER SALZIGES MEER
UND REICH BLÜHENDE FELDER,
WO GLITZERNDER TAU LIEGT UND DIE ROSEN BLÜHEN
UND DER ZARTE KERBEL
UND DER BLÜTENREICHE HONIGLOTOS.
AUF UND AB GEHT SIE
UND DENKT AN DIE FREUNDLICHE ATTHIS
VOLLER SEHNSUCHT UND MIT
VON SCHMERZ VERZEHRTEM HERZEN.

SAPPHO,
frg. 96

κῆρ δ' ἄσᾳ βόρηται

Sehnsucht

DEIN AUSDRUCK GAB ES GERADE PREIS: DU WARST NICHT NUR IN
DEINE VERGANGENEN LIEBEN VERLIEBT, SONDERN AUCH IN DIE
ERINNERUNG AN SIE.

PSEUDO-LUKIAN,
Erotes

Keinen Reigen,
   kein heiliges Fest
gabs, das wir nicht
   miteinander besuchten,
keinen Hain,
   wo zur Frühlingszeit,
nicht Klang und ...
   Lieder ....

SAPPHO, *frg. 94*

Mein
   unglücklich
      liebendes
         Herz,
      hör auf,
         noch im
            Traum
               dich
                  umsonst
                     an
                  Bildern
                     der
                  Schön-
                     heit
                  zu
               wärmen.

MELEAGER,
Anthologia Graeca
12. 125

83

Es gibt also Geister! Der Tod beendet nicht alles und
ein bleicher Schatten entflieht dem erloschenen Scheiterhaufen.
Denn Cynthia erschien mir,
sie, die vor kurzem mit dem Klang der letzten Trompete bestattet worden war,
wie sie sich über mein Bett beugte,
als nach dem Leichenbegängnis meiner Geliebten der Schlaf über mir hing
und ich das kalte Reich meines Bettes beklagte.

PROPERZ,
Gedicht 4.7

...ETUM NON OMNIA FINIT

Die Zeit verrinn-

Ach dürfte ich, als wär ich
der Schlaf, nur ohne Flügel,
still auf deinen Lidern ruhen ...

MELEAGER,
Anthologia Graeca 5.174

DENN IST FERN, WAS DU LIE

Dass meine

MUTTER MICH NICHT MIT KIEMEN GEBAR,
DAMIT ICH HINABTAUCHEN UND DIR DIE HAND
KÜSSEN KÖNNTE, WENN SCHON NICHT DEN MUND,
DAMIT ICH WEISSE NARZISSEN DIR BRÄCHTE
ODER SEIDIGEN MOHN MIT ROTEN BLÄTTERN ...
NUN WILL ICH SOGLEICH SCHWIMMEN LERNEN,
DAMIT ICH ERFAHRE, WELCHES GLÜCK ES FÜR EUCH
BEDEUTET, IN DER TIEFE ZU WOHNEN.

THEOKRITOS,
Idyll 11 (Der Kyklop)
Der Kyklop Polyphem war in die Meernymphe Galateia verliebt und beklagt die grundlegenden und
unüberwindbaren Unterschiede zwischen ihnen.

und ich liege alleine

GERN WÄR ICH DER WIND,
UND DU KÖNNTEST BEIM
SPAZIERGANG IN STRAHLENDER
SONNE DEINE BRÜSTE
ENTBLÖSSEN UND MEINEN
HAUCH BEI DIR AUFNEHMEN.

ANONYMUS,
Anthologia Graeca, 5.83

...D GEGENWÄRTIG DIE BILDER, UND SEIN SÜSSER NAME KLINGT STETS DIR IM OHR.

LUKREZ, *Welt der Atome*, 4.1061

Untergegangen sind der Mond und die Sterne der Pleiaden.
Es ist Mitternacht, die Zeit verrinnt und ich liege alleine.

παρὰ δ' ἔρχετ' ὤρα

SAPPHO,
frg. 168

Die Pleiaden sind eine Konstellation von 7 Sternen, benannt nach den mythischen Töchtern des Atlas.

VERSÖHNUNG

LXXXVI

86

Du kamst,
geliebter Knabe,
nach zwei Tagen und
Nächten kamst du.
Doch ein Tag schon genügt,
um vor Sehnsucht zu altern.
Wie der Frühling lieblicher ist als
der Winter und Äpfel süßer als
Schlehen, ein Mutterschaf zotteliger ist
als sein Lamm,
wie eine Jungfrau begehrenswerter ist als eine
dreimal verheiratete Frau,
wie ein Kitz behänder ist als das Kalb und die
Nachtigall hellstimmiger singt als alle anderen Vögel,
so bin ich voller Freude bei deinem Anblick
und eile dir entgegen wie ein Wanderer zur schattigen Eiche
bei sengender Sonne.

THEOKRITOS,
Idyll 13 (Der Geliebte)

Weinend
hielt er die liebe und
treue Gemahlin. So wie lang ersehnt das Land vor Schwimmenden
auftaucht, denen Poseidon auf See
das Schiff, das trefflich gebaute, da
von Wind und starkem Gewoge be
drängte, zerschmettert; wenige nur ent-
flohn aus dem grauen Salze ans Fest-
land schwimmend – die Haut um-
gibt eine dicke salzige Kruste –,
und sie steigen ans Land, das
ersehnte, dem Übel ent-
ronnen; so ersehnt war
ihr der Gatte, als sie
ihn ansah, und sie
hielt seinen Hals
mit den weißen
Armen um-
schlungen.

HOMER,
Od. 23, 232

οἱ δὲ
ποθεῦντες
ἐν ἤματι
γηράσκουσιν

IN AMBIGUO
VERBUM
MACULATA
RELIQUIT

Mitten aus der Quelle der Anmut steigt etwas Bitteres herauf, das, selbst zwischen Blumen beunruhigt – sei es, dass sie ein Wort hinwarf und ließ die Bedeutung im Zweifel, ein Wort, das, im gierigen Herzen verhaftet, auflodert wie Feuer, sei es, dass er denkt, sie werfe zu sehr mit ihren Blicken um sich und schaue einen anderen an, und er in ihrem Gesicht die Spur eines Lachens bemerkt.

LUKREZ,
Welt der Atome, 4.1133

Einst, Lesbia, hast du gesagt, du kennst nur Catull, und nicht mal Jupiter wolltest statt meiner in den Armen halten. Damals liebte ich dich, nicht wie ein gewöhnlicher Mann sein Mädchen, sondern wie ein Vater liebt den Sohn und Schwiegersohn. Jetzt kenne ich dich: Und auch wenn ich heftiger für dich brenne, bist du dennoch in meiner Achtung gesunken und für mich weniger wert. »Wie ist das möglich?«, fragst du. Weil eine solche Kränkung im Liebenden größere Leidenschaft entfacht, die Liebe aber löscht.

CATULL, *Gedicht 72*

Fliehst du etwa vor mir?
Bei meinen Tränen, bei deiner Rechten – was bleibt mir in meinem Elend noch anderes übrig –, bei unsrem Ehebund, bei unsrer erst halb vollzogenen Vermählung, wenn ich dir nur ein wenig Gutes getan habe und du nur ein wenig Liebe empfingst, dann erbarme dich meines schwankenden Hauses, darum bitte ich dich und, wenn meine Bitten dich noch erreichen, ändere deinen Sinn.

VERGIL,
Aeneis 4.314ff.
(Dido und Aeneas)

LXXXVII
87

VERRAT

LXXXVIII

5619

EFFICE PER MOTUM LUMINAQUE IPSA FIDEM

WAS FLATTERST DU SO UMHER
UND SALBST MIT ÖL DEINE BRUST,
DIE HOHLER NOCH IST
ALS DIE FLÖTENROHRE DES PAN?

ANAKREON,
frg. 363

Ich weiß, leer ist dein Schwur.
Alles an dir verrät dein lüsternes Treiben:
dein Haar, das noch feucht von parfümiertem Öl,
deine Augen, die schwer vor Müdigkeit
nach der durchwachten Nacht

und das Band vom Kranz,
das um den Kopf dir hängt.
Deine Locken sind völlig verwirrt,
gerade eben frisch zerzaust,
alle Glieder schlottern dir zitternd vom Wei
Weg von mir, du Dirne! Höre, schon wieder
ruft dich die Harfe, die Freundin der Orgie,
und das Getöse der Becken.

MELEAGER,
Anthologia Graeca 5.175

WENN DU ETWAS VORTÄUSCHST,
HÜTE DICH DAVOR, DICH ZU VERRATEN:
SCHAFFE DIR GLAUBWÜRDIGKEIT
DURCH BEWEGUNG UND BLICK.
WAS DIR VERGNÜGEN BEREITET,
OFFENBARE DEIN MUND
DURCH LAUTE UND KEUCHEN.

OVID,
Ars Amatoria 3.801ff.

MIR WÄREN
ZEHN MÜNDER
UND ZEHN ZUNGEN
NICHT GENUG,
UM ALLE GOTTLOSEN
KÜNSTE DER DIRNEN
AUFZÄHLEN ZU KÖNNEN.

OVID,
Ars Amatoria 1.435f.

> NUR TALMI IST DEINE LIEBE UND DIE ZEIT BRINGT
> DEINE HEUCHELEI SCHON NOCH HERVOR.
>
> MELEAGER,
> *Anthologia Graeca 5.187*

Ich kann dir nicht verweigern, dass du fremdgehst, denn du bist
schön, doch dass ich armer Tropf es erfahre, dies tut nicht Not.

Hättest du doch mehr Moral im Sinn und stelltest dich wenigstens
schamhaft, für ehrbar würd ich dich halten, auch wenn dus nicht bist.

Einen Platz gibt es, der Liederlichkeit erfordert: Jenen fülle mit
allen Genüssen, von dort sei die Scham weit entfernt!

Verlässt du den Ort, falle alle Zügellosigkeit von dir ab,
und lasse das Laster im Bett zurück.

Dort schäme dich nicht, die Kleider abzuwerfen,
wenn sich dann ein Schenkel unter den anderen schmiegt.

Dort umschließe die Zunge mit Purpurlippen,
und die Leidenschaft spiele in tausend Arten.

Dort sollen Liebesgestammel und aufbauende Worte nicht fehlen,
und das Bettgestell bebe im Rhythmus der Liebe.

Doch mit dem Kleide lege die Miene, die das Laster scheut, an,
und lass die Scham Lügen strafen das schmutzige Werk.

OVID,
Amores 3.44

Was eine Frau dem Mann sagt, der sie begehrt,
schreibe man getrost in den Wind und in die Wellen des Stroms.

IN VENTO ET RAPIDA AQUA

CATULL,
Gedicht 70

PUDOR OBSCENUM DIFFITEATUR OPUS

LXXXIX

FIFTY WAYS
To leave your Lover

GEGEN DIE LIEBE, O NIKIAS, GIBT ES KEIN MITTEL,
KEINE SALBE, WIE ES MIR SCHEINT, UND KEIN PULVER,
NUR DIE KUNST DER MUSEN.

THEOKRITOS,
Idyll 11 (Der Kyklop)

Wenn du liebst, aber wünschtest,
   du tätest es nicht,
pass auf, dass du
   Ansteckung meidest …

OVID,
Remedia Amoris, 613

Plätze schaden oftmals,
   fliehe die Plätze, die Zeugen
eures Liebeslagers waren:
   Sie geben Anlass zu Schmerz.
»Hier war sie, hier lag sie,
   in diesem Bett schliefen wir,
hier schenkte sie mir Freude
   in rauschhafter Nacht.«
Liebe bricht durch Erinnerung wieder hervor,
   und die Wunde reißt wieder auf.

OVID,
Remedia Amoris 725

Gegen die Liebe gibt es kein Mittel,
   nichts, was getrunken,
   nichts, was gegessen,
nichts, was in Liedern besungen wird.
Nichts – außer Küssen und Umarmen
   und nackte Körper,
   die beieinander liegen …

LONGOS,
Daphnis und Chloe, 2

HÜTE DICH, ZÄRTLICHE BRIEFE DES MÄDCHENS
   DIE DU VERWAHRT HAST, WIEDER ZU LESEN:
   SIE BEWEGEN AUCH DAS HERZ
   EINES STANDHAFTEN.
   LEGE SIE ALLE, AUCH WENN DUS NICHT
GERN TUST, INS ZÜNGELNDE FEUER UND
   SAGE:
»DIES SEI DER SCHEITERHAUFEN MEINER
EIGENEN GLUT.«

OVID,
Remedia Amoris 717

ARDORIS SIT ROGUS ISTE ME[

ÄHL IHRE FEHLER
CHT AUF, SIE ENT-
AFTET SIE DOCH NUR!
VER VIELEN ERZÄHLT:
H BIN NICHT VERLIEBT«,
ER ISTS.

OVID,
Remedia Amoris 695/648

ES IST VERLÄSSLICHER,
DAS FEUER ALLMÄHLICH
ZU LÖSCHEN
STATT PLÖTZLICH,
BEENDEST DU ES
LANGSAM,
GEHST DU SICHER.

OVID,
Remedia Amoris 649

ES IST EIN VERBRECHEN,
EINE FRAU, DIE MAN EBEN NOCH
LIEBTE, ZU HASSEN; DIESES ENDE
PASST NUR ZU UNZIVILISIERTEN
NATUREN. NICHT BEACHTEN
GENÜGT: WER MIT HASS
DIE LIEBE BEENDET,
LIEBT ENTWEDER NOCH ODER
ER KOMMT SCHWER VON DER
LEIDENSCHAFT LOS.

OVID,
Remedia Amoris 655

Die Wunde brach wieder auf,
schlecht hielt die Narbe ...
Feuer beim Nachbarn wehrt man nur
mühsam vom eigenen Dach ab:
Nützlich ist es, sich von Orten
rn zu halten, an denen sie sich aufhält.
Begebe dich nicht zum Portikus,
wo sie spazieren zu gehen pflegt, und
pflege deine gesellschaftlichen
pflichtungen nicht zur selben Zeit wie sie.

OVID,
Remedia Amoris 623

MACH DIR DAS HAAR NICHT ZURECHT,
WEIL DU DENKST,
DU KÖNNTEST SIE TREFFEN;
BAUSCHE DEINE TOGA NICHT AUF
IN LOCKEREM BOGEN,
ÜBERLEGE NICHT, WIE DU IHR
GEFALLEN KÖNNTEST,
EINER JETZT FREMDEN.
TRAGE SORGE, DASS SIE NUR
EINE VON VIELEN FÜR DICH IST.

OVID, *Remedia Amoris 679*

Wer küsst sie wohl jetzt?

OH NACHT, OH EWIGES VERLANGEN NACH HELIODORA,
DAS MICH NICHT SCHLAFEN LÄSST; EMPFINDET SIE
NOCH EINEN REST LIEBE FÜR MICH? IST IN IHRER
ERINNERUNG DER KUSS NOCH WARM,
AUCH WENN DER ABDRUCK SCHON KALT
IST? GEHT SIE NUR MIT IHREN TRÄNEN ZU
BETT?

MELEAGER,
Anthologia Graeca 5.166

XCII

Welcher schlanke Knabe,
überströmt von duftendem Öl,
bedrängt dich heute, Pyrrha, im
Rosenbett in der lieblichen Grotte?
Für wen flichst du das blonde Haar
einfach und doch elegant?
Ach, wie oft noch wird er um
deine Treue und die
wechselnde Gunst der Götter weinen,
und raue Meere gepeitscht von finsteren Stürmen bestaunen,
der Unerfahrene, der jetzt dich genießt und für seinen Goldschatz hält.
Er hofft, dass immer du frei und liebevoll für ihn da sein wirst,
ahnt er doch nichts von den Launen des Wetters.
Bedauernswert, wer dein Strahlen nur sieht, ohne dich zu durchschauen.
Von mir kündet die Votivtafel an heiliger Wand,
wie ich meine nassen Gewänder geweiht habe
dem mächtigen Gott der Meere.

HORAZ,
Ode 5

MISERI, QUIBUS INTEMPTATA NITES

REUE

DIE WÜRFEL IM SPIEL DER LIEBE SIND WAHNSINN UND CHAOS.

ANAKREON, *frg. 398*

FRÜH, ALS DER KLEINE EROS NOCH IM SCHOSS
DER MUTTER MIT WÜRFELN SPIELTE, SPIELTE
ER SCHON UM MEINE SEELE.

MELEAGER,
Anthologia Graeca 12.47

Ihr kleinen, geflügelten
Liebesgötter,

UM ZU UNS ZU FLIEGEN

HABT IHR JEDES TALENT,

FEHLT EUCH DENN VÖLLIG DIE KRAFT,

UM WIEDER FORT ZU FLIEGEN?

MELEAGER,
Anthologia Graeca 5.212

Schwer ist es, sich nicht zu verlieben,

Schwer ist auch, sich zu verlieben,

Am schwersten von allem jedoch ist,

Das, was man liebt, nicht zu erreichen.

ANAKREONTISCHE LIEDER,
Gedicht 29

XCIII

Armer Catull, lass deine Torheiten,
und was als verloren du siehst, akzeptier als verloren.
Einst strahlten alle Sonnen dir hell,
als du dort hingingst, wohin deine Liebste dich führte,
sie, die von dir geliebt wurde, wie nie wieder eine.
Und Freuden waren dort dir zugedacht,
zahllose, die dir gefielen und ihr nicht missfielen,
da strahlten wirklich alle Sonnen dir hell.
Doch heute will sie nicht mehr:
Auch du, Schwächling, solltest nicht wollen,
verfolge die Fliehende nicht, vergrabe dich nicht im Elend,
ertrage es entschlossen, bleib hart!
Leb wohl, Mädchen, schon bleibt Catull hart,
wird dich nicht fragen, dich, die nicht will, nicht bitten,
denn dir wird es wehtun, wenn keiner mehr fragt.
Ha, Schändliche! Welches Leben bleibt dir?
Wer wird dich besuchen? Für wen wirst du schön sein?
Wen wirst du lieben? Als wessen Geliebte selbst gelten?
Wen wirst du küssen? Wessen Lippen jetzt beißen?
Halt Catull – sei entschlossen, bleib hart!

CATULL,
Gedicht 8

NICHT MÖCHTE ICH, LICHT MEINES LEBENS,
WEITERHIN DEINE GLÜHENDE LIEBE BLEIBEN,
WIE ICH ES, SO SCHEINT MIR,
VOR WENIGEN TAGEN NOCH WAR,
WENN ICH JE ETWAS IN MEINER GESAMTEN
TÖRICHTEN JUGEND BEGANGEN HABE,
VON DEM ICH GESTEHE,
DASS ES MICH STÄRKER GEREUT HÄTTE,
ALS DASS ICH DICH IN JENER NACHT
ALLEINE ZURÜCKLIESS,
NUR UM MEINE EIGENE
LEIDENSCHAFT ZU VERBERGEN.

DER KRANZ DER SULPICIA, *3.18*

XCIV

LASS ES IMMER SO BLEIBEN,
EIN FEST OHNE ENDE,
LASS MICH BEI DIR LIEGEN,
VERBUNDEN IN EWIGEM KUSS.
HIER GIBT ES WEDER
DES ALLTAGS MÜHE
NOCH GIBT ES SCHAM.
HIERIN LIEGT, LAG UND WIRD
FÜR LANGE ZEIT DIE FREUDE LIEGEN.
NIE GEHT SIE ZUR NEIGE,
SONDERN BEGINNT TÄGLICH NEU.

Überliefert im Werk Petrons, die Zuschreibung ist unsicher.

MÖGE ES GESCHEHEN, DASS ICH DIE JAHRI

JA, BEI DEN LOCKEN DER TIMO, DIE ZUR LIEBE RUFEN,
BEI DEMOS DUFTENDER HAUT,
DIE UM DEN SCHLAF MICH BRINGT,
BEI DER LIEBESTÄNDELEI DER ILIAS UND
BEI DER WACHENDEN LAMPE,
DIE SO OFT DIE SPIELARTEN
MEINER NÄCHTLICHEN LEIDENSCHAFT SAH,
SCHWÖRE ICH DIR, EROS,
DASS MIR NUR NOCH EIN KLEINER REST VON ATEM
AUF DEN LIPPEN GEBLIEBEN IST,
WILLST DU AUCH DEN, SAG ES MIR, UND ICH SPUCK IHN HERAUS.

MELEAGER,
Anthologia Graeca 5.197

UNSTERBLICHE LIEBE

Keine Frau kann mich je dazu verführen, dass ich um dich,
mein Leben, an deiner Schwelle nicht mehr Klage führe.
Ich werde nicht aufhören, Schiffsleute herbeizurufen,
um sie zu fragen:
»Sagt mir, in welchem Hafen ist meine Geliebte geborgen?«,
und ich werde sagen:
»Mag sie sich an thessalischen Küsten niederlassen
oder noch hinter dem Land der Skythen,
sie wird die Meine sein.«

PROPERZ,
Gedicht 1.8

ILLA
FUTURA
MEAST

E MIR DER FADEN DER SCHICKSALSGÖTTINNEN
GIBT, MIT DIR VERLEBEN KANN.

OVID,
Amores 1.3

XCV
95

Trotz weiter Entfernung
folge ich dir mit düsteren Flammen.
Trennt eisig der Tod
mir die Seele vom Körper,
will ich als Schatten
dich ständig umschweben.

VERGIL,
Aeneis 4.385f. (Dido und Aeneas)

OMNIBUS UMBRA LOCIS ADERO

CYNTHIA PRIMA FUIT

CYNTHIA WAR DER ANFANG, CYNTHIA WIRD DAS ENDE SEIN.

PROPERZ,
Gedicht 1.12

XCVI

96

CYNTHIA FINIS ERIT

... DURCHTRÄNKE MIT WEIN MEINE URNE, DARUM BITTE ICH DIC BEVOR DU SIE IN DIE ERDE LEGST, UND SCHREIBE AUF S »EROS DEM TOD AL GESCHENK.«

MELEAGER,
Anthologia Graeca 12.74

ΔΩΡΟΝ ΕΡΩΣ ΑΙΔΗΙ

GEFESSELT
WERDE
ICH
SITZEN
AN
DEN
ALTÄREN
DER
HEILIGEN
VENUS.

DER KRANZ DER SULPICIA, 3. 19